息子たちへ

——母の生きた八十八年（上）

渡辺泰子
Yasuko WATANABE

本の泉社

息子たちへ

——母の生きた八十八年」（上）

渡辺泰子

息子たちに聞かせたくて

二〇〇六年の六月だったか、長男の鋼がやってきて、「おふくろさんの八月十五日を聞かせてよ」と言った。詩人会議の八月号に八月十五日にかかわるエッセーを頼まれたらしかった。

彼は、一九四三年の暮の生まれだから、あの八月十五日には一歳八ヵ月。疎開先で赤痢にかかって、骨と皮ばかりに痩せ、一緒に疎開していた従兄たちにガンジーこうちゃんと呼ばれていた。

「あなたをおんぶして、村のお医者に行っていて、そこであの天皇の『シノビガタキヲシノビ』を聞いたのよ。」

その時、私ははたと思った。この子たちは、翌年生まれた弟の黎ともども、あの終戦後の福岡市郊外の農村でのことは何一つ覚えていないんだ。あの波乱に満ちた五年間、母親が自分の人生をいきいきと歩きはじめていた時代、彼らは無邪気な悪戯をくり返して「先生ん方のワルソー」と呼ばれていた時代。あの時代を覚えていないなんて勿体ない。

私は思い出す限りみんな書いておこうと思い立った。

前年の秋に夫、武に逝かれて、ぼんやりしていてはいけないと、この春から絵を再開して、二年描きためれば十一回めの個展が開けると、戸隠通いを始めていた。表紙の「新緑の榛の木」もその春の作品だ。

この二年間は、春から秋までは絵に専念し、冬から、次の春までを書くことに当てていた。二〇〇八年六月、十一回目の個展を終えて、自分の老いを感じた私は、これからは書くことだけに専念しないと間に合わないと思った。

二〇〇九年三月一日で私は米寿を迎えたという感慨もあって、母親がどんな生き方をしてきたか、延々と書き継いだ。

一九七〇年まで書いた時、四〇〇〇字詰で四七五枚になっていた。どんな本になるか見当もつかず、親友のお嫁さんの平山旬子さんの好意に甘えて活字にしてもらった。

ここで本の泉社さんにすすめられて、とりあえず前半を一冊にまとめて先に出すことになった。

残りも何とか八十八歳のうちにと、老いを日毎に感じながら、書き急いでいる。

二〇〇九年六月

渡辺泰子

※「先生方のワルソー」の先生は、夫渡辺武が当時福岡経専の教授をしていたので、そう呼ばれていた。

※　注の挿入について

母のこの文章を原稿段階で読み、大変感動しました。自分の母親の生涯という以上に、この激動の戦後史を生き抜いた一女性の生きざまとして素晴らしい。飾らない、本音の感性が生き生きと語られています。これは、どうしても私の娘たちにも読ませたいものだ。だが、私達の年代まではよく知っている事柄でも、娘たち年代には遠い「歴史」の範疇に属すること。そんなわけで、「注」を補うことを思い立ちました。かえって読みづらくなってしまったところもあり、お詫びいたします。

次男　黎

目次

息子たちに聞かせたくて …… 3

私の人生はここから動き出した …… 15

『万葉集』に出合う　1939年　15

結婚の申し込み　1941年　20

婚約時代 …… 22

唯物史観　1941年　22

受験勉強　〃　31

十二月八日　〃　33

合格・裏切り　1942年　34

企業整備令　〃　37

戦時下の逢い引き　〃　39

結婚から福岡空襲まで …… 41

俄かに決まった結婚式　1943年　41
新居　〃　44
秘密の地図　〃　46
母親失格　1944年　48
ロシア語講座　〃　52
道路を這っていた赤ん坊　1945年　54
配給・食糧調達　〃　54
福岡大空襲　〃　56
松尾らくさんのこと　〃　56

疎開・終戦・赤痢 …… 62

空襲下の帰郷　1945年　62
そのまま上野村へ　〃　65
息子が赤痢になる　〃　68
八月十五日　〃　69
ガンジーこうちゃん　〃　70

命拾い 〃 72

戦後が始まる……76
福岡に帰る・店先の六畳間 1946年 76
道端の畑 〃 78
ポッポーさん 〃 79
宵っぱりの赤ん坊 〃 80
赤ん坊が土間を這っていた 〃 81
新憲法の記憶 〃 82
答案の最後の一行 〃 84
手抜き子育て 1947年 85
インフレ対策 〃 86

私の新しい人生……89
武、教授から共産党常任活動家に 〃 89
稼がなくては 〃 91
未解放部落 1948年 92
初めての紙芝居 〃 94

ああ一九五〇年（昭和二十五年）……131
稲庭桂子さんの紙芝居講習会　1950年　131
一九五〇年のメーデー　〃　134
戦後第一回、第二回メーデー　1946・1947年　136
武、非公然活動に入る　1950年　139
樋井川でのわが息子たち……143
おんまホース　1947年　143
鉄カブトのようなかさぶた　〃　145
まっしろけ　〃　146
曲がった足　〃　147
アメリカさんのごとある　〃　148
杭につかまって泳ぐレイ　1948年　149
お使い　〃　150
お豆がこげん落ちとったよ　1949年　151
あの人、いい人？悪い人？　1950年　152
大きな筍　〃　153

長男入学 〃 154
脱脂ミルク 〃 155
雨　傘 〃 156
帰ってきたレイ 〃 157

上京・非公然活動 …… 159
沼津へ帰る 1950年 159
上京・非公然活動に入る 1951年 160
自分で育てなさい 1952年 169
血のメーデー 〃 170
稲庭桂子さん来店 〃 172

教育紙芝居研究会時代 …… 174
家を買ってもらう 1952年 174
武のお母さんのこと 〃 176
黒く煤けた家 〃 182
情けない思い出、クリスマス 〃 184
押入れの前で眠っていた 〃 185

歴史紙芝居にかかわる 〃 186
結核・入院 1953年 190
洗濯 1955年 201
長男の微熱 〃 202
あっ、柱の下がない! 〃 204
父帰る 〃 207
銭湯に張り込んでいた刑事 〃 208
復職・ちひろさんとの出会い 1956年 209
歴史紙芝居のその後 〃 211

童心社時代 ………… 216

童心社として再出発 1957年 216
火薬の爆発事故 1958年 221
武、逮捕される 〃 224
二回目のちひろさん通い 〃 226
二度目の結核 〃 227
長男の怒り 1959年 228
再出発・はじめての絵本 1960年 229

かずのほん　1961年　234
労働組合ができる　1963年　241

ちひろさんの思い出　1956～79年 …… 247
（『文京の教育』より転載）
若い人の絵本　1965～1970年　264
武、参議院議員になる　1968年　271
退職を決心する　1969年　273

私の人生はここから動き出した

万葉集に出会う

一九三九年（昭和十四年）の初夏、私は岩波新書の斎藤茂吉の「万葉秀歌」上下を買った。前年の十一月に発表されて評判になっていた本である。生まれて初めて接した万葉集。私は古代の人々の恋歌、叙景歌のみずみずしさ、率直さ、美しさにたちまち夢中になった。私の世代は、小学校入学以来女学校を卒業するまで、教科書で一度も万葉集の歌に出会わなかった。百人一首の歌は全部諳んじる程親しんでいたが、古今、新古今などの技巧を凝らしたそらぞらしさにうんざりしていた。

それにひきかえ、万葉の恋の歌のひたむきさ、叙景歌の美しさに、私は圧倒された。私は自分の感動を誰かに分けたくて、自分の思いのたけをページの余白に書き込んで、友人たちに貸し回した。その後間もなく自分のあまりにも幼い感動ぶりが恥ずかしくて、ページを破らないよう、丹念に消しゴムで消した。十八歳の稚拙な若さが今は懐かしい。

しかし繰返し読むうちにこの美しい歌のいくつかの向こう側に血なまぐさい天皇家の皇位争いが透けて見えて来て、胸が騒いだ。万世一系、一点の欠けることない皇統と、小学校以来叩き込まれてきた世代である。無性に日本の古代史の真実を知りたいと思った。

私は壬申の乱について全く無知だった。十八歳まで生きて来て一度も聞いたことがなかったのだ。えっ、何時、誰が、何が原因で戦ったの？　それでどっちが勝ったの？　その後どうなったの？

私がいくら知りたがっても、もはや当時の書店の棚には本当のことを教えてくれる本はなかった。ようやく歴史書をみつけて買ったのが白柳秀湖の「民族日本歴史」上下二冊。日本民族のルーツを黒潮に乗ってやって来たと、源を南方に求める展開で、私に新しい知識を与えてくれて面白かった。黒潮の洗う日本列島の半島の先端や、岬に必ず南方系の植物である楠やタブの大木の森があり、そこには南方系の神様を祀る社があり、方々に同じ地名があり、同じ伝説が残っている。私は伊豆の岬の楠の森や布良、子浦の地名など思い合わせて納得した。間もなく大川周明の「支那三千年史」も書評を読んでこれも買って面白く読んだ。

戦後、私はこの二人が五・一五（※）や二・二六（※）の思想的指導者であったことを知り、驚くと同時に、あの時代に本屋の棚にこの人たちの本があり得たわけがわかった。

私は、私と同じように万葉集に夢中になっている親友に、あの美しい歌の向こう側に血塗られた日本の古代史が透けて見える。どうしても本当のことを知りたいと話すと、彼女は悲しそうに言った。「あなたはどうしてそんなことを知りたがるの。美しい歌を美しいままに愛していればそれでいいじゃないの」と。そうはいかない私だった。

※　五・一五事件は一九三二年（昭和七年）、海軍急進派青年将校らによって引き起こされた暗殺テロ事件。武装（軍服着用。ただし武器は民間調達）した十数名が首相官邸を襲撃し、時の内閣総理大臣、犬養毅首相を暗殺した。なお、彼らの暗殺名簿には、折から来日中であったチャールス・チャップリンも含まれていたことは有名。しかし、直前に犬養との会談をキャンセルしたために事なきを得た。当時、一九二九年に始まった世界恐慌の影響が甚大で庶民は生活苦にあえいでおり、他方、財閥とつるむ政党政治の腐敗に対する庶民の怒りは高まっていた。青年将校らは「昭和維新」「天皇親政による腐敗政治打破」を掲げていたのだが、庶民はこれに喝采を送る気運が強かった。「純粋な若い将校さんがかわいそう」と、広範な助命嘆願運動が起こり、判決は殺害実行犯二名が最長の禁錮一五年と極めて軽い罪だった。大川周明は事件の黒幕として禁錮五年の刑。

二・二六事件は四年後の一九三六年（昭和一一年）、陸軍急進派青年将校らによって引き起こされた未曾有のクーデター未遂事件。青年将校らは「昭和維新」「君側の奸排除、天皇親政の実現」を目標として、演習と偽って指揮下の完全武装兵一四八三名を動員。首相官邸、警視庁、陸軍省等を含む都心部を四日間にわたって制圧。内閣総理大臣をはじめ重臣ら八名の殺害を謀り、三名殺害、一名重傷。他に警備の警察官等七名が殺害された。このクーデター事件は陸軍内部の派閥抗争（皇道派と統制派）がからんでおり、皇道派の軍高官の暗黙の支持の下に決行された。事件後の軍事裁判では、死刑一八名を含む五・一五事件に比して重いものとなった。黒幕とされた北一輝も死刑。これは統制派の報復とも言われ、以降、東条英機、石原完爾らの統制派が軍の全権を掌握することとなった。

五・一五事件の前年（三一年）には関東軍の自作自演による満州事変開戦があり、以降、軍部の暴走に引きずられるまま、日本は太平洋戦争に突入していく。五・一五事件、二・二六事件はその方向に日本政治が雪崩れていく転換期となった重要な事件。当時、二九年世界恐慌による深刻な不況が続いており、二・二六事件の前年には東北地方に冷害による深刻な飢饉が起こっていた。

この年の夏も、夏休みには例年どおり丸和の輝雄、武の兄弟は、たくさんの姪や甥たちをひきつれて海水浴にやってきた。

丸和というのは、父の弟の哲夫叔父が、丸和商店渡辺家の次女の静江さんの入婿になって以来、歩いて十分という近さもあって親しく行き来していた古物問屋である。この二人はそこの息子の末の二歳違いの兄弟で、この頃、兄は神戸商大を出て母校の大倉高商（※）の助教授、弟は九州帝大の経済の学生だった。

※　大倉高等商業学校。現在の東京経済大学

二人共子供好きで、夏休みに帰省すると、晴れていれば殆ど毎日、本家、分家などの学令前のちびっ子ばかり六、七人を連れて、来ていたのである。

わが家は、渚まで走れば三分という所に建っていたから、彼等の格好の脱衣場になった。私も妹や弟を連れて海水着のまま賑やかに連れだって海へ行った。

この年、万葉漬けになっていた私は恐らく彼らにこの疑問をぶつけたに違いない。しか

し二人は全く話に乗ってこなかった。兄の輝雄さんは相変わらず冗談ばかり言って皆を笑わせ、弟の方もグリム童話を面白可笑しく語って子供たちを喜ばせていた。このグリム童話の最大のファンは私のすぐ下の妹の万寿子で、女学校二年生になっていたが海までの行き帰り、ちびっ子を押しのけて彼の腕にぶらさがってお話を楽しんでいた。

今にして思えば、彼ら兄弟はマルクス主義経済学徒として、私の知りたがっていることに対して様々な答えを持っていたと思うけれど、思想取締りの厳しいこの時代、ささいな発言でも当局に知れれば逮捕、投獄になり兼ねないと、二人とも厳しく戒めていたのだろうと思う。

この昭和十四年から翌十五年にかけて、「万葉秀歌」から発した万葉ブームは続いて、次々と万葉関係の本が出版された。子供向けの本まで出た。昭和十五年は、神武天皇即位から二六〇〇年であると、万世一系の天皇を讃えて大変なお祭り騒ぎだった。

奉祝紀元二六〇〇年と、東京では街中を花電車が走り、上野の森では大奉祝展覧会が開かれて、大家も在野の画家達もこぞって渾身の大作を出品していた。万葉漬けだった私は、こういうのが柿本人麻呂が持統天皇の吉野行幸に供奉して詠んだ「山河もより奉うる神ながら」だと思ったりした。

私は振り返って愕然とする。あの万葉ブームは天皇家を天壌無窮と寿ぎ、国民に天皇に帰一せよと謳い上げる思想動員に利用されていたのかと。人生の転機となった万葉集ではあるが、苦い思い出でもある。

結婚の申し込み

夏の千本松原の海は、朝は凪いでいて、昼近くになると、海風がごーっと松の梢を鳴らし、沖に白波が立ちはじめて、見る間に渚まで押し寄せ、海は白い波頭でいっぱいになる。ところが夏の終わりの或る日、突然風の音が変わるのだ。ああ、秋が来たのだと胸をつかれるような変り方をする。海の色も、夏の華やかな青から、艶消しの紺に変わって静まりかえる。私はこの静かな季節が好きだった。

昭和十五年のそんな夏の終わりの夕方だった。私が裏門から松原の道に出ると、丸和兄弟の弟の武とばったり会った。子供たち大勢と一緒の時は、賑やかなおしゃべりの輪に入っているのだが、二人だけで何を話したか全く覚えていない。唯別れた後、私は心に決めた。あの人と来年の夏までには特別なお付き合いが出来るようにしよう。突然にそう思った。しかしどうしたらそれが出来るのかは、全くわからなくて心許なかった。

翌年の三月の終わり頃だったか、私は母と納戸で衣類の整理をしていた。母が突然言った。

「あなたを丸和の御兄弟のどちらかに貰って頂こうと思っているの。あなたはどちらがいいの?」

私はためらわず答えた。「弟の方。」

私は内心ホッとした。これで女の私から交際を申し込む恥ずかしさから免れると思ったのだ。心のどこかで自分を叱る声がした。「横着者め。自分で運命を切り拓かないでずるいではないか」私はそんな思いは呑み込んで、母に任せることにした。

母は控えめで大人しい人だったけれど、どこか型破りのところがあって、間もなく丸和の彼のお母さんの所へ出かけてゆき、「うちの泰子を武さんに貰っていただきたい」と申し込んだ。

婚約時代

唯物史観

五月のはじめだった。叔父から「武さんが帰って来たから、泰子に来るように」と電話があった。私は叔父の家だから、普段着で下駄履きで出かけた。

彼は縁側に腰かけて待っていた。ひどく改まって、「お話ししたいことがあります。外に出ましょう。」私は黙ってついて行った。

丸和の本家と倉庫群を一歩南に離れると、そこは狩野川の河口まで一面の葦原で、方々に沼地があり、その間を小道がうねうねと続いていた。彼はこの道に入ると、いきなりひどくむつかしいことを言った。

「泰子さん。大昔、原始時代に共産制社会があったのをご存じですか。」

共産と聞いただけでドキンとする時代である。そんな世の中が日本の昔にあったなんて想像も出来ない。彼は熱心に穏やかに話し続けた。

「大昔、人間は、血縁につながる人の集団が、定住しないで、男は鳥や獣を獲り、女は木の実や貝を採って、その日その日をその集団が生きてゆくのが精いっぱいという暮らしをしていました。リーダーは経験の豊かな年寄りで、その日の収穫は、すべての人に平等に分け合っていました。こんな暮らしが何百万年もの間続きました。この時代を原始共産制社会といいます。」

私は生れて初めて聞く話だったから何とか理解しようと全神経を集中して聞いていた。

「人間はやがて植物を栽培することを覚えました。ヨーロッパでは小麦、中国、日本、東南アジアでは米です。数千年の経験を経て、収穫量は次第に増え、その集団の必要量以上になり、余るようになります。余った収穫物は凶作の年に備えて貯蔵するようになります。生産力がもっと上がって、もっとたくさん余るようになると、やがてリーダーはそれを自分の富として蓄積し、平等だった社会に貧富の差が生まれます。富を奪い合う戦いが起こります。生産力が低い時代では闘って敗れた集団は皆殺しにされました。生かして捕虜にしても食べさせる余裕がなかったからです。

ところがもっと生産力が上がると、捕虜を奴隷として働かせれば、より多くの収穫が得られます。この時代になると、人間が最大の生産手段になりました。この時代を奴隷制社会といいます。ギリシャやローマの文明は奴隷労働の蓄積による富がもたらしたものです。やがて、奴隷の労働ではこれ以上の生産の向上は望めない、つまり生産力の停滞が起こります。生産の向上には自由な意志で農業生産に励む農民が生まれなければなりません。このような農民を束ねる封建領主が生まれます。これが封建制社会です。

更に生産力が発展すると、生産物は封建制度の枠を超えて、必然的に広く流通するよ

うになり、流通に携わる商人に富が蓄積されて、彼らはその富で工場を建て、貧しい人々を雇い入れて働かせる時代が来ます。

　こうして資本主義社会へ移行してゆくのですが、長い鎖国から遅れて資本主義社会になった日本は、最初から政府が主導権を握って富国強兵、軍国主義的な道を辿り、次々に戦争に勝って、先進資本主義国家の仲間入りを果たしました。

　欧米では典型的な資本主義体制への移行を見ることが出来ます。富を蓄積した商人がより多くの商品の生産を目指して、工場を建て、そこで働く労働者を雇います。資本家は出来た商品を売って代金を得ます。この代金の中には、資本家が仕入れた原料や労働者に支払った賃金以上のものが含まれています。それは労働者の労働によって新たに付け加えられた価値なのです。資本家が労働者の労働力に見合った賃金を払っていたとしても、労働者の働きは、それ以上の価値を付け加えています。ですから、低賃金で働かせるほど資本家の利益は莫大になります。これが資本主義社会です。

それぞれの資本家が利益を追求して生産を拡大してゆくと、商品が出来過ぎて売れなくなる時がきます。工場は倒産し、労働者は失業し、物はますます売れなくなります。これが世界的に起こることを恐慌と言います。恐慌は資本主義経済の避けて通れない宿命で、資本主義体制では処理しきれなくなった経済の矛盾が爆発するのです。

恐慌で資本の小さいものは潰れ、大きいものはますます大きくなって、国家の軍事力と結びついて、より豊富な資源と安い労働力を求めて、植民地へ進出し、植民地の人々を搾取します。そしてより大きな植民地を得ようと植民地を奪い合う戦争を起こします。このような段階に達した資本主義を帝国主義と呼びます。先の第一次世界

大戦も、日本が今やっている戦争も植民地争奪戦争で、正義なき帝国主義戦争です。生産力の急激な発展が、社会体制に合わなくなってきているのです。労働者はいくら働いても貧困から抜け出ることが出来ず、資本だけがどんどん肥大してゆくこの矛盾、社会体制が変わらなくてはならない時代に来ているのです。

社会の仕組みを変えて、社会主義体制によって生産手段を社会化して、労働者は労働に応じた正当な賃金を受け取るべきです。

今地球上では、社会主義革命を経た、ソビエトがそれをやろうとしています。」

彼の話は続いた。

「世界中のどの国でも、どの地域でも、早い遅いの違いはあっても、今私が話したような過程を辿って、いずれは社会主義生産の時代に入ります。これは歴史の必然です。

私は、マルクス主義経済学を勉強して、このことを知りました。私は日本の社会主義社会の建設のために働きたいと考えています。しかし今の日本では、社会主義者、共産主義者のほとんどが逮捕されて、牢屋の中にいるか、あるいは地下深く潜行していて、連絡の手掛かりもありません。

しかし、私は自分の一生をかけてこの運動に参加することを決意しています。今の日本の状況では、いつ逮捕されるかも知れず、牢屋に入れられれば、ひどい待遇と拷問が待っています。現に多くの人が拷問で殺されたり、獄中で病気で死んでいます。私のように体が弱い者はきっと死ぬでしょう。ですから私は、生涯妻はめとるまいと決心していました。

しかしあなたが、今お話したような私でもいいと言って下さるのなら、あなたの申し出をお受けしたいと思います。」（※）

三時間以上にわたる長い講義だった。陽は西に傾きかけていた。彼の話は全く予期しない恐ろしい話で、唯々驚きの連続だった。

二十歳になったばかりだった私は、自分の全智全能で彼の話を理解しようと努めた。そして直感として、この人の言っていることは正しいと思った。目から鱗が落ちると言うけれど、まさにその通りで、彼の説明した歴史の発展の必然の明快さに、古代史への疑問はふっとんだ。

私は心の中で叫んでいた。「どうなってもいいじゃないの。今の私に、この人が好きだってことの他に確かなことは何もないんだから。」私は迷わずに言った。

「それでもよろしいです。」

※　戦前は、悪法『治安維持法』によって、国民の思想信条の自由はゼロの状態だった。共産主義だけでなく、当局が天皇制のために危険と判断すれば自由主義・民主主義も容赦ない取締りの対象となった。共産党員だった小説家小林多喜二が取調べ中の拷問で虐殺されたのは有名である。

無鉄砲というか、大胆というか、私は自分の人生を自分の判断で決めた。彼は歴史の歯車を進歩の方向に回す仕事をしたいと言った。私は、蒼暗い宇宙の闇の彼方に巨大な歯車が回り、その前に輝く地球がゆるやかに自転する絵を頭の中に描いた。歴史の歯車を進歩の方向に回す仕事、その光栄ある仕事のお手伝いをしたいと思った。

昭和十六年五月。この年の十二月八日に太平洋戦争が始まっている。そんな時期に、戦争を冷めた目で見る思想の扉を開けてくれた彼に感謝している。

次の日、自転車で香貫山の裾を廻って狩野川沿いに走った。この日の講義に何を聞いたか何も覚えていない。その翌日、彼は福岡へ帰った。

私たちの婚約が決まったことを、両家は良縁だと喜んでくれた。しかし私は誰にも言えない秘密を胸に抱えて、家族の中で孤独だった。胸の中に大きな鉛の塊でも入っているように重く、ご飯も喉に通らない気分だった。生来暢気でくよくよしないのが取り柄だったのに、突然やって来たこの重苦しい気分。家族の誰にも気取られぬように過ごすのに苦労した。ひたすら福岡からの彼の手紙を待った。

なるべく一人でいたかった。当時のわが家の風呂は五右衛門風呂で、焚口は外にある。格好の避難場所だった。焚口に腰かけて枯松葉を釜の下に放り込む。松葉はあっという間に燃え尽きる。風呂が沸くまで焚き続けなければいけない。薪小屋には製材の端材の薪も買ってあった。しかし松林の中の家では、庭中に散り敷く枯松葉をかき集めた只の燃料、これを使わないと叱られた。

私は松葉を放り込みながら考えた。武さんは地球上のどこの国でも、どこの地域でも、それぞれ実現してゆく過程に違いはあっても、この歴史発展の法則は貫かれると言った。国の事情によって過程が違うのなら、日本は万世一系の天皇を持つ特別な国柄だから、その国柄を残したまま社会主義に進む道はないのかしら？　大真面目で考えていた。このあたり、三時間の唯物史観の講義では、軍国主義教育で育った私の片足はまだ抜けきれていなかった。やがて次々に送られてくる彼からの書籍を読んで、それがどんなにとんでもない間違いであるかを悟り、すぐに修正されたのだが、この間違いにもいくらか私らしい所もあったように思う。具体的な事実から判断するという私の考え方はその後の私の一生を貫くのだが、この間違いはどう考えても噴飯ものだった。

武の九州からの遠隔教育が始まった。次々に書籍の小包が届く。その頃は送られてくる本の内容を理解するのに精一杯で考えたこともなかったが、思い出してみると彼の教育の計画は実に巧妙だったと思う。まず現実の社会の矛盾を描いた小説類。記憶に残っているのは島木健作の「癩」、佐田稲子の「キャラメル工場から」など。私はその少し前に島木健作の「生活の探求」が書評で大きく取り上げられていたので買って読んだが、よくわからなかった。しかし「癩」は、私の全く知らない世界を見せてくれて、驚きで足がすくむようだった。この他、平林たい子、中本たか子のものがあった。その次が小林多喜二全集。私はこれで共産主義者の活動を具体的に知り、弾圧下で生きる心構えを覚悟させられた。その次が川上肇の「第二貧乏物語」。これで彼の最初の講義だけでは雲をつかむような気分でいた資本主義の輪郭がはっきりしたような気がする。

次の「日本歴史教程」二冊はノートをとって読むことにした。執筆者は渡部義通、早川二郎、伊豆公夫、三沢章で、二冊目の後半が考古学者の三沢章がこれまでの考古学発見で、前三人の日本の原始社会から古墳時代までの論旨を実証するような展開になっていた。前の三人はこの当時の左翼の歴史学者のトップランナー達であるが、この二冊ではまだ古事記や日本書紀の時代まで行っていない。判断材料を何も持たない私はとにかく書かれていることを理解しようと一生懸命だった。

この文章を書くために、岩波の近代日本史総合年表に目を通していたら、「第一冊」は私が読んだ時の四年半前の昭和十一年十二月「第二冊」はその翌年の昭和十二年八月に出版されている。その前月に日中戦争が始まっているから、ギリギリで日の目を見たという感じだ。そして「第三冊」は出版されなかった。古事記、日本書紀の時代に入れば、いやでも天皇制に触れる。発行が許される筈がなかった。渡部義通さんが逮捕されたとか、早川二郎さんは雪山で行方不明のままだとかの噂を武から聞くだけだった。

次に送られてきたのがエンゲルスの「家族、国家、私有財産の起源」だったが、独りで読んでいる私は次々に出てくる社会科学用語に途惑った。誰に聞く訳にもいかない。しかし正確な意味を理解しなければ一行も前に進めない。質問と解説の手紙のやり取りはより頻繁になった。

婚姻形態の変遷の過程にプナルア婚があって、ややこしさに私は手を焼いた。万葉集の恋人も背、兄弟も背はその痕跡か。姉妹揃って一人の男の妻になっている。これも名残りか。万葉第一の女流歌人で美人で聡明なあの額田王は、はじめ弟の大海人皇子（後の天武天皇）の恋人で、後に兄の天智天皇の後宮に入っている。同じ後宮に姉の鏡女王もいて、二人で同じ男を思う歌を詠み合ったりしている。はじめて万葉に接したころには、どちらもいい歌でほほえましいとは思いながら、その心情を理解しかねたが、これも大昔の婚姻の形態の名残りかと納得した。

当時は、同母の兄妹の結婚は厳しく罰せられたが、母が違えば他人も同然、というのは母方で生まれ育てられたからである。

天武の皇女の一人に但馬皇女という人がいる。彼女は同じく天武の長男高市皇子の正妃になっていた。にも拘わらず、同じ皇子の一人、穂積皇子に激しく恋をして、当時女が男のもとへ通うことはほとんどなかったのに、朝霧の飛鳥川を渡って逢いに行ったりする。恋愛真最中の私はこの二人の歌が身に沁みた。

この年の夏休みも、相変わらず丸和の兄弟は大勢の子供を連れて海水浴にやって来た。私も万寿子以下の妹や弟を連れて合流し、夏の千本浜を楽しんだ。しかし私は、この夏の間にどうしても武と話し合って、自分のこの後の身の振り方を決めなければならなかった。

受験勉強

武が言った。

「あなたがもし将来一人になってしまった時、子供がいればその子を抱えて、どうやって暮らしていくか、その準備をしなければいけない。今の世の中で、女で比較的高収入を得られるのは女学校の先生か女医さんですが、どうしますか。」

女教師は絶対にいやだ。では女医か。私の頭は理数系ではない。でもこうなったら女医しかない。驚くほど女の職業への道は狭い時代だった。私たちは夏の終わりに、来年の三月の私の女子医専（※）受験を決めた。

※　当時唯一の女医養成学校。現在の東京女子医大

ただでさえ不勉強だった私。それが卒業して四年も経っている。すぐに受験勉強を始めなければ遅い。私はそう考えて、つい今年の正月まで炊事係りをしていた東京深川の父の店の居候になることにした。父母とも気に入って婿に決めた武である。その婿が望むなら、と、父は期待半分、興味半分、母は今から五年も学校へ行くなんて無茶なと内心思いながら、父がニコニコしているので反対のしようもなくて、私は上京した。

まず英語の実力をつけるためにＹＭＣＡの英語の夜学に通うことにした。ここには私に「チボー家の人々」を貸してくれた女学校時代の友人が通っていた。文理大英文科の恋人が出征した後、帰るまで英語の勉強をしておこうということだった。寡黙でやさしいこの人は、私に欠けているものを持っている得難い友人だった。授業を終えた後の半時間位を必ず美土代町の学校から聖橋あたりを、何を話すということもなく歩いた。心なごむひとときであった。

十二月八日

昭和十六年十二月八日の朝、ラジオが声高に、真珠湾攻撃の成功を伝えていた。この先どうなって行くのだろう。相談すべき人は九州の彼方にいて、心細かった。

十二月の日暮は早い。この日ＹＭＣＡに出かける頃には暗くなっていた。深川不動尊前から市電に乗ると、空襲に備えて灯火管制をしていた。窓は黒いカーテンで遮蔽されていて、車内灯も黒い布で囲われていてひどく暗い。こんなことがずっと続くようになるのだろうか。

学校では、学生たちが廊下の黒布で囲われた電灯の下で、何人か集まってひそひそ話し合っていた。外国人の先生方は皆拘引されてしまったそうで、その夜の授業は中止になった。

この頃から私は受験勉強を本格的に始めた。余すところ三ヶ月、私は自分の最も駄目な学科、数学だけに絞った。幾何と代数の問題集を買い、ページ数を残り日数で割って、それをその日のノルマとした。夜を日に継いでというか、毎日朝から深夜まで、その日のノルマをやり終えなければ寝るわけにはいかなかった。

英語と国語は実力で行く。だが数学だけは何としても一通りは勉強し直さなければ受験など覚束ない。無茶な話で、風邪で寝込んだらどうするなどとは考えもしなかった。父と並んで寝る六畳間の隅の小机に電気スタンドの灯りを片方遮断して、毎晩ノルマをこなすのに必死だった。女学生時代の私と違って、今は合格しなければ武に面目が立たないと切羽詰っていて真剣だった。

合格・裏切り

こうして試験日を迎えた。私の受験番号は願書を出すのが遅かったせいか終りの方で、身体検査の日、私のすぐ後ろに一際目につく女子学生の一団がいた。明らかに日本軍占領地の南方の娘たちのようで、服装も髪形も派手で、肌は浅黒く、豊かな胸、みんな素晴らしい体格をしていた。この時私の肺活量は三千で、日本の女学生では多い方だった。ところが彼女達は三千五百とか、三千九百とか桁違いの数字を検査官が読み上げていたのが印象的だった。

口頭試問で、中年の女先生から、「あなたは女学校を出て四年も経っていますね。どうして受験なさったの？」

現役の女学生とは違って、卒業して四年も経つと落ち着いてもっともらしい答えが出来る。

「これからの時代は、女も生活力をつけて、男性と対等に生きなければと思って」などと答えて、いくらか点を稼いだような気がする。

合格発表の日、女学校時代の同級生で、女子医専に入学してこの四月から五年生になる森さんが来てくれた。合格。喜び合った。寄宿舎の生活のことなどいろいろ教えてくれて、お祝に昼食をおごるわと新宿の中村屋でピラフを食べた。くちなしで黄色く染めて炊いたピラフは、チャーハンしか知らない田舎者の私は初めてでおいしかった。

すぐに武に電報を打った。「合格。上京を待つ」と。前からの約束だった。合格したら、蛇松のお兄さん（長兄好郎）と、私の父に五年間の学資を出してくれるよう二人でお願いすることになっていた。お兄さんはダイナミックな商売をする人で、わずかな年月でここまで家業を大きくした人だ。父は勉強する私を、この娘どこまでやるかと暖かく見守っていてくれていた。二人で一生懸命お願いすれば道は拓けるだろうと私は考えていた。

ところがいくら待っても彼は上京して来なかった。それどころか、この婚約は解消しようなどという手紙をよこした。私は驚くより呆れた。心のどこかで「裏切者！」「意気地なし！」と叫んでいながら、何よりもいま武を失いたくなかった。あの厖大な恋文は一体何だったのだ。とにかく九州へ行こう。会えば必ず元に戻ると思った。

入学金六百円の納付期限は迫っていた。私はもうどうでもよかった。元々どうしても医者になりたかったわけではない。彼の計画に従って頑張っただけだ。私は母に言った。「入学は諦めたわ。九州へ行って武さんを説得して来る。」母はほっとした表情で「それがいい。行っておいで」と旅費を出してくれた。自分が乗り気で進めた娘の婚約が壊れそうになっているのに気を揉んでいたに違いない。

当時まだ関門トンネルは開通していなかった。下関で連絡船に乗って関門海峡を渡った。

特急を乗り継いでも二十三時間余り。私は必ず元に戻せると信じていた。全能の神のように信じて夢中でついて来た恋人のひどく脆い一面を見てしまったが、それでもいい、ただ武との間を元に戻したい一心で、三等車の固い座席に座り続けた。

私は九州に行くことは彼には知らせなかった。あんなことを言ってきた人に知らせる必要はないとどこかで腹を立てていた。一方で、彼の心を取り戻すには彼に考える時間を与えずに会った方がいいと考えていた。箱崎で市電を降りると九州帝大法文学部の玄関前に立った。右手に大きな柊の植込みがある。あの柊の花によせて沢山の恋歌を贈って来たのはつい先頃ではないか。

この日、私たちがどのような話をしたかまるで覚えていない。「進学は諦めました。元々医者には向いていない私でしたから。でも大事に育ててきたあなたとの間は壊したくない。元に戻したくて来ました。」そんな風に言ったと思う。彼は山程の申し訳なさと後悔に苦しんでいたに違いない。そういう彼の自尊心をいささかも傷つけてはならなかった。

彼は二〇〇五年十月、九十歳で死ぬまで、このことについて一言も語らず、私も一言も触れることはなかった、彼は若い日の誤りについて笑って語れる人ではなかったのだ。

彼は八十九歳で思いがけない事故で入院して、意識を取り戻したときには大方の記憶を失っていて、一年二ヶ月リハビリに励んだけれど、元には戻らなかった。しきりに家に帰りたがった。だがそれは昔の蛇松の家だった。古い記憶はかなり残っていて、昔可愛がっていた姪の一人が見舞いに来てくれて、珍しく一時間も会話が成立した。その彼女が電話で話してくれた。「武じいちゃん（※）たら、『私は泰子に殺されても仕方がない程悪いことをしたのです』なんて言うの。びっくりしちゃった。」私は感慨無量だった。彼は一生あのことを負い目に生きてきたのだと。

その日、夕方暗くなってから、大学近くの宿で夕食を共にして、彼は翌日の約束をして帰って行った。後に彼が笑って言った。「あの時宿の主人が、えっお帰りですかってあっけにとられていただろう。学生の連れ込みさんと思われていたんだ。」

次の日、太宰府天満宮見物に行き、何事もなかったように私は博多駅で彼に見送られて沼津へ帰った。

戦後、大学教授から共産党に転じた夫が無収入になり、私がやっと洋裁で子供を育てていた頃、母や、叔父の妻になっている義姉から、「あの時、もったいなかったわね。医専に行っていればこんな苦労はしなかったのにねえ」と言われた。私はその都度「私は医者には向いていないの。もし医者になっていたら大変よ。手術の時に鋏をお腹の中に置き忘れたりして」と笑い話にした。本音である。

※　姪や甥たちはみんな武叔父さんを訛ってこう呼んでいた。

企業整備令

私が福岡から帰って間もない頃、政府は負け戦で動きのとれなくなった日本経済を立て直そうと、企業整備令を出して、全国の中小企業を強制的に廃業に追い込んだ。父の小さな材木仲買の店も廃業させられた。

父は納入先の大手、黒磯の現場（軍関係らしかった）へ廃業のあいさつに行くから一緒に行こうと誘ってくれた。生まれて初めてのことである。不本意なことになってしまった娘を慰めてやりたいという気持ちだったろうか。帰りは塩原温泉に一泊した。父と連れだって歩いた渓流沿いの山道、新緑が美しい季節だった。

頭だけやや左翼がかってはいたものの、この頃の私は全くの世間知らずで、この時の父の心中を何一つ思いやることが出来なかった。五十歳になったばかりの父が、独立して店を構えてわずか三年、ようやく順調にゆくかに見えた商売をやめさせられ、大家族、使用人を抱えて何を考えていたのだろう。どんな思いで山道を歩いていたか何一つ思いやることが出来なかった。駄目な娘だったと思う。

父が店をたたむ少し前、私に日本橋の白木屋へ行こうと言った。父がデパートへ買い物に行くなどということは今まで一度もなかったことで私はいそいそとついて行った。平台の帯の山の中から、母と私に一本ずつ見立てなさいと言う。母のために父が帯を買うのが嬉しかった。母には銀ねず地にオリーブ色の濃淡の藤つなぎ文、自分にはエンジと白の太い棒縞を選んだ。この時すでに父は廃業後の身の振り方として、占領地の佛領印度支那(※)のハノイに行くことを決心していたのだろうか。叔母の夫の南方派遣軍主計参謀からの誘いだったからすべては極秘だったのだろう。家族は誰も知らなかった。

その秋、父は母と末の小さい弟を連れて奈良見物に出かけた。こんな父を見るのも初めてで、私は嬉しくて弟のためにスーツを仕立てた。洋服地はもうずいぶん前から店頭から消えていて、買い置きの厚手の布地で、季節には合わなかったが、そんなことを言っていられる時代ではなかった。私たちは何も知らなかったが、母は知っていたのだろう。奈良公園で鹿と一緒の記念写真の母は淋しそうな顔で写っている。

※ 現在のベトナム。一九四〇年七月、ナチス・ドイツのフランス侵攻に呼応する形で、日本軍は当時フランス植民地だったベトナムに進駐した。

戦時下の逢い引き

いつ終わるとも知れない戦争。国民には全く知らされていなかったけれども、この年の六月のミッドウエーの海戦から、日本は負け戦に転じていたのだ。日本中の若い男はみんな戦地に行っていた。それなにの徴兵検査で丙種だった武は、夏休み、冬休みの帰省中、朝となく夜となく私を散歩に誘い出した。婚約者なのだから玄関から堂々と来ればいいのに、早朝、わが家の竹垣の向こうを通りながら高く口笛を吹く。いつもシューベルトのセレナーデで、聞こえたらすぐ出ていかなくてはいけない。彼は傷つきやすかった。

寒い朝だった。ご飯炊きの火の番をしていたら口笛だ。しかしこのまま出て行ってしまったらご飯は出来損なう。私は母に断りに走った。「武さんが来ているの。ちょっと行ってくる。」表門を駆け抜けて、後を追った。石垣の間の細い道を抜けて海に出て、息をのんだ。青い海面いっぱいに霧が漂っている。海辺に住んでいても、こんな寒い朝、しかも日の出前の海に来たことはなかった。空の真ん中は晴れて光に満ちていた。連なる松林の向こうに、冬化粧の富士が立っている。やがて富士の頂が微かに紅を帯び、右の稜線が輝きはじめる。海の向こう、空の果てに連なる赤石山脈の白い稜線もピンク色に染まる。

なんと武は、海霧の中の青い波間に裸で立っていた。海霧は、気温が海水温より低い時に発生する。この寒さの中で、呆れたけれど、彼の狂気もわかるような気がした。

彼からはたくさんの短歌を贈られた。恋文代わりである。嬉しいけれど、私は自分が作れないのに点が辛かった。傾倒している啄木ばかりに過ぎていて、平凡だと思った。その中に忘れられない一首がある。

きしきしとリンゴを噛みし唇よ
吸えば冷たく甘く匂える

彼は冬の普段着の紺絣の対で、その袂にリンゴを一個しのばせてやって来たのだ。

結婚から福岡空襲まで

俄かに決まった結婚式

明けて昭和十八年、二月に入った頃、父の佛印行きを知った武の長兄やお母さんたちが急に動き出した。佛印と言えば戦地だ。その手前の海、台湾海峡にはアメリカの潜水艦がうようよしているというではないか。生還も期し難い所へ行く父親に、せっかく決まっている娘の花嫁姿を見ないで行かせる訳にはいかない。すぐ結婚式を挙げさせようというのだ。

当人二人はおかまいなしで、挙式の段取りはどんどん決められて行き、四月四日、浅間神社で、披露宴は近くの浮影楼でと決まる。

私たちは武が食べられるような収入を得る時までと、のんびり婚約生活を楽しんでいた。もう間もなく二年になる。武はまだ月給二十円のままだ。私はこの年に入ってこれ以上長く婚約生活を続けるのは無理だと感じ始めていた。だから、ああ助かったと密かに思った。

結婚衣装の準備は、どんどん物資がなくなって行く中で、母が婚約が決まった時から手に入り次第誂えてくれていた。桐の箪笥も大家のお嬢様の特注物がキャンセルになったのを買ったと言っていた。そのお嬢さんはもっと巾の広いものに注文替えをなさったらしい。母は笑って言った。「泰子にはこの位が丁度いいと思ってね。」ご明察どおり、この箪笥でもその後の私たちの生活では置くスペースもなくて、母に預けっ放しだった。

四月四日は朝から小雨。ようやく上がって桜の花びらが散り敷いた参道を誰かに手を取られて歩いた。神社の石段を昇る時、母の丹精の白の緞子（ドンス）の振袖を、草履で踏んでしまったりした。花嫁の高島田は地毛で結おうとずっと伸ばしていたから、かつらではない。それだけに頭中の髪の毛をあっちこっち引張り上げられていて人心地もしない。その上、顔は自分ではないように真白く塗られて、式の間じゅうは仲人の奥さんの操り人形だった。彼も同様らしく、紋付羽織・袴でにこりともせず、正面を見据えていた。

その夜、披露宴から帰ってほっと一息、蛇松の居間でみんなでお茶を飲んでいた時電報が入った。開いてみた輝雄兄さんが大声で叫んだ。「武、喜べ。時間講師の口が決まったぞ。」説明によると、福岡高商（※）の時間講師で週に二日、月給八十円だとのこと。みんな喜んでくれた。お先真っ暗で挙げた結婚式の夜にこんな吉報が入るなんて夢のようだ。心配してくれていた長兄やお母さんの安堵。輝雄兄さんが大はしゃぎの祝福。本当に良かった。主任教授の波多野鼎先生のお心遣いだったと思う。

※福岡高等商業学校。現在の福岡大学

翌朝六時に父が佛印に出発した。これにギリギリに間に合わせた結婚式だったのだ。私は地毛で結った高島田を、蛇松の家（※）に帰ってすぐ丸髷に結い直されていた。かつらなら脱げばいいのだが、地毛で結ったのだからそうはいかない。髪のほつれが気になって、手拭いでも被って行きたい気分だったがそうも行かず、恥ずかしいのをこらえて武と連れだって沼津駅へ行った。父を死地に送る感慨どころか、恥ずかしかったことの他何も覚えていない。

武はその翌日、新学期が始まる福岡高商へ出講のため福岡へ帰って行った。

私は蛇松の丸和本家の広い二階に一人残された。使用人が多く忙しい家だが、昔からの奉公人がしっかり固めていて、私が役に立つところはどこにもなかった。見兼ねたのだろう、武のお母さんが「これを仕立て直して」と武のセルの着物を持って来てくれた。傷んだ所を除いて筒袖の普段着に直す仕事だった。

二階の窓に立つと私の生家のある千本松原（※）が見える。恋しいというのはこういう気持ちだろうか。羽があつたら飛んで帰りたかった。そんな子供っぽい自分が情けなかった。

※「千本の家」「蛇松の家」。千本の家は「千本松原の家」の意で、泰子の実家を指す。「蛇松の家」はほとんどの場合、武の実家をさすが、稀に、泰子が幼少期に過ごした家を指す場合がある。泰子は小学校3年まで、蛇松に住居があった。蛇松と千本松原は徒歩一五分ほどの距離。

新居

五月の下旬になってようやく武が迎えに来てくれた。新居が決まったという。福岡市の西の郊外、唐津線の鳥飼駅に近い、別府《べふ》町の松尾らくさんというお医者さんの未亡人の邸の二階三間つづき。私たちにはもったいないような部屋で、家賃は二十円だった。

武の出講先の福岡高商は、この別府町を南に通り抜け、更に田島の部落を抜けてから登りになる油山をかなり登ったところにあった。油山は福岡市の南西にゆったりと裾野を広げている六百メートルばかりの単独峯で、四方八方に尾根を延ばして、緑の農村地帯に囲まれていた。私が初めて高商への道を登った頃、ゆるやかな七曲りの道は柳やハゼの疎林の緑がまばゆく、まがる度に池が現れ、睡蓮が咲いていた。池は灌漑用の溜池のようで、水面が木漏れ日に輝いて美しかった。

武は間もなく四、五人の学生さんとわが家でアダム・スミス研究会と称して資本論を読む会をはじめた。どのように誘ったのか知らないが、一度就職をしてから入学した年長の別府正十郎さんをリーダーに水戸の久恒さん、当時日本が領有していた朝鮮から来ていた崔さんという物静かな青年もいた。この時節、本来ならひどく危ない集まりだったはずなのに皆さんのびのびと楽しそうだった。開放的な夏の夜、窓を広々と開け放っても、隣りは遠く、声は届かない。

この青年たちは小学校入学以来、小国民と言われて徹底的に軍国主義を叩き込まれている。武はどのように講義をすすめようとしていたのだろうか。はじめは彼のリードで雑談形式だったように思う。

生命の起源について話が進んでいた。久恒君は、どこか他の星から落ちてきたに違いないと言っていた。その時一匹の大きなカナブンが矢のように窓から飛び込んで来て久恒君の膝に止まった。端正な目鼻立ちの水戸っぽの彼はカナブンをつかんで立ち上がり、芝居のセリフもどきで言った。

「おお、お前はどこの星から来たのだ。さあ、さっさと帰れ」と、カナブンを見事な直球で外の闇に向かって投げ返した。みんな手を叩いて笑った。忘れられない光景だ。間もなく夏休みに入り、会もお休みになった。

九月、文部省は大学院特別研究生制度を発足させ、研究室の助手や副手(※)にこの制度を適用して、月給百円を支給して、一切のアルバイトを禁じた。当然武も高商の講師を辞めざるを得なかった。

高商に出講しなくなってもこの研究会は続いたが、私は十一月末、出産のため沼津へ帰ったので後のことは知らない。この十二月一日に学徒動員があったから、出て行った人もあったのかもしれない。

※　武は当時、九州帝国大学文理学部経済学科波多野研究室の副手の職にあった。月給二〇円。福岡高商の時間講師月給八〇円はアルバイトである。

大学院特別研究生は給与が出る代わり研究内容は国策に沿ったものでなければならなかった。武は窮余の一策で「協力工場」を選んだ。大きな軍需工場の下請けをする中小の工場のことを当時はこう呼んでいた。いずれ大企業と下請け工場とのかかわりを研究する日が来るから、いくらかは役に立つだろうと考えてのことらしかった。

秘密の地図

欧州の戦線では、この年の初めころスターリングラード（当時はこう呼ばれていた。現在のボルゴグラード）でソビエト軍に敗れたドイツ軍は、ずるずると退却をはじめ、ロシアを南北に縦断する長い戦線を西へ西へと後退させていた。新聞でもラジオでも一切負けて逃げているとは言わない。時々新聞の一面の下の方に、数行という小さな記事で、今どこで独ソ戦が行われているかを報じた。武は地図帳から切り取った東ヨーロッパの地図にその地名を書き込んだ。私は今もその地図を大切に持っている。現在市販の地図にはないような地名が書き込まれている。こうして私たちはドイツ軍が負けてどんどん追い返されてゆくのを知った。地図に書き込まれたレニングラードからクリミア半島の先端まで南北を貫いてひかれた青鉛筆の線は何時頃描いたのだろう。近代日本史総合年表によれば、ソ連軍のスモレンスク奪回はこの年の九月二十五日、キエフ奪回は十一月六日である。夜ひそかに二人で記入したこの地図。当時の息詰まるような緊張が思い出される。

この頃の独ソ戦でのスターリンはソビエトの救国の英雄だった。ロシアの大地の奥深く、ボルガ河畔のスターリングラードまで攻め込んだドイツ軍を、長い戦線にわたってジリジリと押し返している。欧州戦線でドイツが敗れれば必ず日本の敗戦につながると思った。

私は出産のために十一月末に沼津に帰ることになっていた。生まれる子供のために名前を考えておかなくてはならない。スターリンは英語のスチール、鋼鉄だから、もし男の子だったら「鋼《こう》」にしようと二人で決めていた。

沼津へ帰ったら、翌日の十二月一日がすぐの弟（長男達也）の学徒出陣だった。岐阜高等農林の二年の半ばでの出征である。豊橋の工兵連隊に入るということだった。

十二月二十八日、私は男の子を産んだ。予定通り「鋼」と名付けられた。親二人の他、命名の意図は誰も知らなかった。そのスターリンが後年判明するあのような社会主義の道を大きくはずれた誤りを起こしていたとは誰が予期したろうか。この時生まれた長男は生涯を労働運動一筋に生きている。

「あなたの名前、スターリンの鋼なのよ。ごめんね。その頃彼は救国の英雄だったの。まさかあんな独裁者になるなんて思いもしなかったわ。」私は秘密の地図を見せて彼に謝った。「いや、歴史的な名前だと、結構気に入ってるよ。」彼は笑っていた。

年が明けて一月の終わり、武が迎えに来てくれて、私は赤ん坊を彼のお母さんが作ってくれた綿入れのねんねこ半纏で背負い沼津駅に行ったのだが、列車の混み方は大変なもので、入口にも人がぶら下がっている状態だった。赤ん坊をおぶって通れる隙はどこにもなかった。武はそれをどう通ったのか、車内に入って座席に座っている人たちに頼みこんで窓を開けて貰ったらしい。輝雄兄さんは武と打ち合わせがしてあったのだろう。見送りの男たちに手伝わせて、赤ん坊をおぶった私を横ざまにかつぎ上げ、列車の窓から中へ押し込んでくれた。どうやって立ち上がったのか、まるで覚えていない。満員の列車で二十二時間、どこまで立ちずめだったのか、どこで座れたのか、ともかく列車は博多に向かって走っていた。

列車が出た後の乱闘のことを、後に妹の万寿子から聞いた。列車に乗れなかった朝鮮の人々の一団がすぐそばにいて、私の乗せ方が強引だったのを非難して罵声をあげると、力が弱いのに向う気の強い輝雄兄さんが「何を！」と怒鳴り返して大乱闘になったという。輝雄さんはさんざん殴られて大変だったそうだ。出発した私たちは知らぬが仏で、無事に博多に着いたが、どうやっておむつを換えたのか、お乳を飲ませたのか、全く覚えていない。

母親失格

私が沼津に帰っているうちに、家が変わっていた。家主のらくさんの末の息子さん夫婦が大連から引き揚げてくるので二階に住まわせたいと、らくさんは町内中代わりの部屋を探して廻って、大地主の藤村さんの邸の物置の二階の一部屋を見つけてくれたという。藤村邸は広大な邸内の一番高みに建っている。その主家に隣接する物置小屋の二階の一室から私の子育ては始まった。
私には子供の頃からひどい忘れ物癖があった。この潜在意識がこの頃とんでもない夢を見させた。歴史の講演を聞きに行って、公会堂のベンチに赤ちゃんを置き忘れて来たのである。「ああ、どうしよう」ひどい動悸で目が覚める。「夢か。よかった。」胸のドキドキはいつまでも治まらなかった。夢とは言え赤ちゃんを置き忘れた後悔は重く残った。こんな夢を二度も見たのだ。

赤ちゃんが五ヵ月を過ぎた頃、下痢便が止まらなくなった。誰も相談する人がいない私は、おんぶして市内の小児科医を受診した。医者は「あなたの乳が出すぎるのだ。乳をくれる時間を減らしなさい」という。授乳時間を十五分から十二分に減らし、十分に減らしても下痢は止まらない。ついに体重の増加が止まった。八ヶ月になって医者が言った。「こんな頑固な下痢は見たことがない。少し早いけれど離乳しましょう。」私はひどい食糧事情の中で、二分がゆやら三分がゆ、野菜スープやら南瓜をつぶしたりと離乳食を作った。息子は喜んで食べてくれて、やがて下痢は止まり、体重が増え始めた。今思うとあの長い下痢はあまりの授乳制限で、飢餓性の下痢に変わっていたのではなかろうか。このちょうど一年後にこの子は疎開先で赤痢にかかり、下痢が続き、村医者の指示で食事制限でやせ細り、よく生きていてくれたと思うほど可哀想な目に合わせている。まったくの母親失格である。

家主の藤村家の奥さんは、大地主の奥さんらしい鷹揚な気のいい人で、旦那がぞろりとした和服の着流しなのに、いつも野良着姿だった。夏が過ぎた頃だったろうか、奥さんが言った。

「赤さんがおらっしゃるのに、物置の二階ではお気の毒だ。邸の向こう側の隅に、娘が病室に使っていた小さな家がある。娘が結核で死んだ後きちんと消毒はしたが、そんな訳で今までどなたにも貸さないでいたが、それでも良かったらあの家に移ったらどげんですか。」

私たちは大喜びで、その小さな家に引っ越した。玄関からまっすぐに廊下。その両側に六畳が一間ずつ。右手の六畳に台所がついていた。

玄関の正面に大きな桜が並んでいた。邸の街道沿いの石垣の上に植えられている並木である。

邸の前の田島へ通じる道を、朝は西部軍司令官が馬で通る。別府町のはずれのあたりに官舎があって、当番兵が馬を連れて迎えに来るようだった。その後、今度は田島へ向かって福岡高女のセーラー服にモンペ姿の女学生の一団が通る。田島に新しく出来た軍需工場へ徴用で働きに行っているという話だった。

間もなくその女学生さんたちが作っているのはベニヤ板の飛行機で、片道しか飛べないように設計されているという噂が聞こえてきた。私は無性に腹が立った。何というむごいことをするのだ。先頃まで渡辺鉄工所といっていた鉄工場が今は九州一の軍需工場の「九州兵器」に成り上がって、何万人という学生さんを徴用という名で働かせ、そこで若い命を死ににやるベニヤの飛行機を作っている。やりきれない気持ちで一杯だった。

そんな時、沼津の親しい友人から手紙が来て、弟さんが十五歳で少年飛行兵に志願して出てゆくという。馬鹿な。召集令状も来ないのに、大事な弟さんを片道しか飛べない飛行機に乗せようというのですか。死ぬとわかっている所へ送り出すのですか。私は腹立ちまぎれに、検閲にあって開封でもされたら牢屋送りになるような手紙を書いた。マルクス経済学を身を潜めて勉強している武に累を及ぼしてはならぬと、いつも慎重に暮らしていることも忘れて書いてしまった。彼女は返事をよこした。「私は震えました。恐ろしいことを書かないでください。」私は自分の不用意さを少しばかり後悔した。しかし、あの愛情深くやさしい彼女が、みすみす弟さんを死地にやるのが悔しかった。この彼女は、かつて私が万葉の美しい歌の向こうに血塗られた皇位争いが見えると、古代史を知りたがった時に、「美しい歌を美しいと感じるだけでいいじゃないの。あなたはどうしてそんなことを知りたがるの」と悲しげに言った人だ。

この頃にはモンペ着用でなければ町を歩けなくなっていた。着物の袖はすべて切り詰めて舟底形の袂にしなげばならなかった。お召や大島の高価な外出着の袖を半分切って、何の役に立つと言うのだ。もったいない。私は一枚も切らなかった。幸い外出にはいつも子供を背負っている。だから袂の先を帯の間にしっかりはさんでごまかしていた。ところがどこかの街角で国防婦人会の小母様方に見つかって叱られた。「何ですか。この非常時に!」

ロシア語講座

この年の冬のはじめから週一回九大の教室でロシア語講座が開かれた。こんなに戦局が悪くなっているのによく開けたものだと驚いた。恐らく福岡高商から九大へ進んでいた別府さんたちの企画だったと思う。

武は子供を背負って参加する私のために、ようやく一歳になろうとしている息子を講義の間預かってくれる人を見つけてくれた。彼の行きつけのうどん屋の小母さんである。ところが知恵のつき始めていたわが息子は、母親の背から他所の知らない小母さんの手に渡されるや大声で泣き叫んで、これは失敗だった。私はおんぶしたまま教室へ入り、子供がぐずったら廊下へ出てあやすようにしていた。別府町から大濠公園の大きな池に沿った道を急いでいた時に警戒警報のサイレンが鳴ったことがあった。綿入れのねんねこ半纏で息子を背負い、武と腕をしっかり組んで歩いたことを鮮やかに思い出す。市電をいくつも乗り換えて箱崎の大学へ行くより、大濠公園を横断すれば、唐人町あたりから箱崎直通の市電に乗れたのだ。

この子連れ参加のロシア語講座で、私の得たものと言ったら、せいぜいロシア語のアルファベット位のものだった。しかし私は夫と共に学ぶ喜びを味わっていた。

講師は変人で有名な吉武先生だった。いつもよれよれのワイシャツがズボンからはみ出していて、下までボタンがかけていないのでお臍が見えたり、ベルトの代わりが女物の腰紐だったりした。奥さんに逃げられて一人だという彼はこの頃のひどい食糧事情で、いつもお腹をすかせていると評判だった。町の雑炊食堂の列に並んで、食べ終えるとまた列の後ろに並んで食べるのだと学生たちは噂していた。それでも彼の漂々としたお人柄と、ロシア語の確かな学力は、心ある学生たちに敬愛されていたようだ。

講習は学年末まで続いた。別府さんがお礼に吉武先生を招いて腹一杯食べていただこうではないかと言い出した。寄せ鍋とは名ばかりで、魚や貝はほんの少しで、あとは大きく育ち過ぎたほうれん草、ねぎ、水菜のざく切りを笊一杯用意した。先生は大いに喜んで食べ、少しばかりの配給のお酒ですっかり上機嫌でお帰りになった。

道路を這っていた赤ん坊

鋼は五ヶ月から八ヶ月迄の下痢の影響か、一年経っても歩けなかった。この頃も高這いという両手と膝で盛んに動き回っていた。ある日、昼頃だったろうか、邸の前の道路から大声で呼ばれた。

「奥しゃん、お宅の赤さん、道ば這っとりんしゃるばい。」

仰天した私は走った。道に出るにはまず邸の正面の石段まで走る。石段といっても丸石で土止めをした広い土の段が四段ばかり。ここを跳ぶように降りて、田島方面を見ると、息子は着物の裾を引きずって這っている。駆け寄って抱き上げるとニコニコと上機嫌だった。這ってこんなに遠くまで来るなんてと、私は安堵すると同時に呆れた。この道は朝夕の外は人通りも少なく、自動車はほとんど通らない。通ってもお百姓さんの牛車だ。それで助かった。こんなに遠く這って来るまで気がつかなかった私は、またもや母親失格だった。

配給・食糧調達

配給のトラブルもあった。藤村家の大旦那は武がたばこを吸わないからと、武の分まで自分のものにしてしまった。腹を立てた武は、私だって吸いますと、これまで吸わなかったたばこを吸い始めて、私は馬鹿みたいと呆れたが、何の娯楽もない戦時下、吸い出したら止められなくなった。たばこは食料の買い出しの時のいい手土産になるのにと残念だったが、まあいいかと笑って諦めた。

もうこの頃になると、無力な私たちではどうにも食糧が調達できなくなって、武が一度沼津へ帰っていろいろ食料を分けて貰ってくることにしたが、何か理由がないと汽車の切符が買えない。武は長兄やその頃は沼津から東京の大倉高商へ通っていた輝雄兄さんと打ち合せをしたらしかった。ある日、「アカガミキタ、スグカエレ」の電報が来た。私はこれはやり過ぎだと思う反面、もしかして本当かもと心配になった。問い合わせの長距離電話がかけられる時代ではなかった。どういういきさつだったか忘れたが、隣組の組長さんに知られてしまい、急いで壮行会を開いてくれ、日の丸の寄せ書きまで贈られた。どうしようもなくて、私たちは神妙な顔をして出征兵士とその妻を演じて武は沼津へ帰った。一週間位して武は即日帰郷になってと言って帰って来た。御近所へのお詫びのあいさつ回りは私がした。以前に患った結核がレントゲンで判ってしまいましてと頭を下げて歩いた。

武が沼津の実家から分けて貰って来たものは、ありがたいものばかりだった。菜種油一缶、米、味噌、いりこ、黒砂糖など。長兄は屑鉄問屋として商売を拡げていて、闇物資も大量に手に入るらしく、この時期、父が佛印に出て行って女所帯になった私の実家でもずいぶん助けてもらったらしかった。

福岡大空襲

六月十九日の福岡大空襲のことは、私が文京区に住んでいた頃、文京の親と教師で出していた教育新聞「文京の教育」の「私の戦争体験」欄に書いた「松尾らくさんのこと」を転用する。「文京の教育」については私の後半生の中心になった仕事なので、その時に詳しく書くことにする。

松尾らくさんのこと　（「文京の教育」一九八五年七月、八月号から転載）

昭和十八年の春、結婚して初めて世帯をもったのが福岡市郊外の松尾らくさんの家の二階でした。ずいぶんご年配に感じましたが、当時らくさんは六十歳前だったろうと思います。お医者さんの未亡人ということでした。三人の息子さんのうち上の二人はお医者さんで、軍医として応召し、お気の毒に二人とも戦死しておられました。末の息子さんは新婚で満州の大連で暮らしていました。

らくさんはひどく物静かで口数の少ない方でした。若い私は優秀な息子さんを二人まで戦死させたらくさんがお気の毒で、どこでどんな風に戦死なさったのか、聞くのもはばかられる思いで伺わずじまいでした。

御台所は階下のを一緒に使わせて貰っていたので、たまには話をすることもあって、私がカレーのじゃがいもを真四角に大きさを揃えて切っているのを見て、「奥さんは心の正しい方ですね、中国の故事に正しく切ったことでえん罪がはれて、罪を許されたという話がありますよ」と、ほめられたことがありました。しかし、たどたどしい家事をいつも恥ずかしく思っていた私は、かえって穴にでも入りたいようだったのを覚えています。

大連にいた息子さんのお嫁さんの初産で、らくさんは手伝いに出かけることになり、夫が門司港まで見送りに行きました。帰ってきて、らくさんに「〇〇ヒクル、ラク」と電報を打ってくれと言われ「〇〇ヒユク」ではないですかと何度聞いても「クル」だと聞かなかったと笑っていたことを思い出します。福岡では行くと来るが反対なのです。この時生まれたのが後で書く福岡空襲で大火傷を負ったケイコちゃんでした。

戦争が激しくなって、この息子さん一家が引き揚げてくることになり、私たちは二階を明け渡さなくてはならなくなりました。らくさんがご近所の大地主の家の離れを交渉してくれて私たちはそこへ移りました。

やがて、昭和二十年六月十九日、福岡市も大空襲に見舞われました。夫は九大の経済の研究室にいて、戦争のはじまりからこの戦争が不正義の戦争で、必ず負けるだろうと言っていた人でしたので（口に出したらたちまち刑務所入りの時代ですから夫婦二人だけの会話でした）つい防空壕掘りも身が入らず、庭さきの大きな桜の木の下に、畳一帖くらいの深さは背丈くらいの穴を掘って畳が乗せてあるだけでした。爆風よけにはなっても、上から落下してくるものは到底防げません。まさかあのように大量の燃える油脂が降ってくるなど予想もしないことだったのです。

空襲は、その日の夜半すぎから始まりました。隣組は極端な男手不足で、夫はその方へ出て行きました。私は一年半の長男を抱いて、穴の中にしゃがみこんでいましたが、気がつくと上の方でぱちぱちと燃える音がします。隙間から見上げると、何と上の桜の青葉が燃えているではありませんか。そしてその葉の燃え残りが、防空壕の蓋にしてあった畳の上に落ちてチロチロ燃えているのです。

これはいけないと、私は子供を抱いて、隣組で松尾らくさんの隣の畑に築いた大きな防空壕に行こうと走りました。藤村さんの邸内を抜けて裏口から出て驚きました。もう火の海でした。らくさんの家も盛んに燃えていました。それからは無我夢中で、どこをどう走ったのか、気がついたのは氏神様の森の裏手の斜面で、やっとのことで樋井川の土手まで続いている田圃に降り、真中を通っている灌漑用の小溝の中に、息子を胸の下に抱いて、うつぶせに座りこみました。私の防空頭巾は、大きな厚くて硬い座布団で作った不細工なものでしたが、頭と背中を覆ってくれていて、これだけが頼りでした。

田圃はちょうど麦を刈ったばかりで、そのまま横にして置いてありました。小溝にはまだ水は通っておらず、底にわずかに泥水が溜まっている程度でした。

気がつくと、田圃中の刈り取った麦が鬼火のように燃えていました。思わず見上げると、夜空いっぱいに、ワーンワーンと、お腹の底まで響くような無気味な爆音を響かせながら、超低空で次から次へとB29の大編隊が通って行きます。

福岡中の燃えさかる焔を映して、巨大な銀色の胴体はピンク色に輝いていました。空いっぱいになって、無数の焔がゆっくり降ってきます。油脂焼夷弾で、空中で分解して、燃えながら降ってきて燃えるものすべてにべったりとくっついて焼き尽くすのです。田圃中の麦の束があちこちで燃えていましたが、幸いなことに量が少ないので燃え尽きればそれでおしまいなので、直撃を受けない限り私たちは無事でした。こんなに恐ろしい光景でも美しいことは美しいのです。不謹慎にも私は、時々見上げては、美しいと思いました。

何のはずみか、私は起き上った時に後を振り向きました。するとどうでしょう。十メートルぐらい後ろに松尾らくさんがうつぶせになっていて、その背中のケイコちゃんの頭が燃えているではありませんか。何も覚えていませんが、泣き声がしたのかも知れません。私は夢中でうちの息子を田圃の土の上にころがすと駆けてゆき、溝の底の泥水を両手ですくって、ケイコちゃんの頭の上からかけました。どの程度の火傷なのか見当もつきません。髪の毛に触れるのが怖かったので、私は上から何度も何度も泥水をそそぎました。

全焼した松尾家では、きっとらくさんにケイコちゃんを託して逃げさせたのでしょう。しかし不運なことにらくさんは、ねんねこ半纏を羽織る時、ケイコちゃんの防空頭巾が後へずれてしまったことに気付かないでいたのです。

その後も、ずっと私たちはその溝にうずくまっていました。私は、今度はらくさんたちが見えるように、反対向きに座りました。気が動転してしまっているらくさんがとても心許なく見えたからです。

真向うで、唐津線の踏切の側の二階家が盛んに燃えていました。やがて真赤な柱組みだけとなり、火勢が弱まると一緒に金色の火の粉を高く舞い上げながら焼け落ちました。福岡の方の空はいつまでも真赤でした。

もうB29が来ないとわかった時、私たちは別れました。「早く手当てをしてあげて」とらくさんを励ましながら、とてもつらかったのを覚えています。お宅は全焼、福岡中が燃えている今、どこでどんな手当てが出来ると言うのでしょう。

その後、私は再びらくさんにもケイコちゃんにも逢うことはありませんでした。

私はずっとケイコちゃんのことが気になっていました。うちの息子より半年早い生まれで、美人のお母さん似でたいへん可愛い女の子だっただけに、あの火傷がどの程度だったろうかと気がかりでした。

戦後間もなく、私たちは夫の勤め先の大学に近い、桶井川のさらに上流のお百姓さんの納屋を借りて住みました。

らくさんの噂を聞くこともありました。「お気の毒げなよ。背負うていた孫さんが二目と見られん大火傷で、おばあちゃんの責任じゃいうて、うとまれておいでなさるげな。」

二人の息子さんを戦死させた上に、このような辛いことになって、あのおとなしいらくさんが、どんな思いで暮らしておられるか、気の毒でなりませんでした。

それから二十数年たって、私は久々に、もといた家の周りの家々を訪ねる機会がありました。元の方々がそのまま住んでいる家も何軒かあって、その頃私と同じように新婚だったお隣の奥さんが、今は賑やかになった通りの薬局の奥さんになっていて、話してくれました。

「らくさんは亡くなられました。ケイコさんは本当にお気の毒でしたけど、唯一の救いは、そんなにひどいお顔になりなさっても、すこしもひねくれず、明るく成人されていることです。」

この話は、私にも救いでした。私は戦争の犠牲者というと、瞳の色の薄い、小柄で上品ならくさんの姿を思い出すのです。

疎開・終戦・赤痢

空襲下の帰郷

空襲の一夜が明けた。広い藤村さんの邸は台地の上の藤村邸も、その下を取り囲むように建っていた借家も、みんな焼け落ちていた。それなのに邸の一番隅の小さなわが家だけが無傷で残っていた。

わが家では空襲の近いのが予想されたので、沼津へ疎開するべく荷物はすべて送り出した後で、残っているのは手荷物だけだった。ほんとうならとうに出発していた筈だったのに、武の協力工場の仕事がごたついて、一日延ばしに出発を延ばしていて空襲に遭ってしまったのだ。焼け出された藤村さんにすぐにでもこの家を明け渡してあげたかった。しかし博多駅は焼き出されて逃げ出す人でごった返していて、やっとわかったことは切符を買うためには罹災証明書が必要だということだった。武が事情を説明してようやく罹災証明書を出してもらい、切符が買えたのは二日後、私たちは持てるだけの荷物を持って東京行きの列車に乗り込んだ。

武は大きなリュックサックを背負い、片手に大きなトランク、もう一方の手に足を紐でしばった生きためん鶏を下げていた。息子のために卵を産んでくれていためん鶏である。この食糧難の時代に、大事な鶏を置いて行く訳にはいかないと連れて来たのだ。私は一歳半の息子をおぶい紐でしっかり背中にくくりつけ、おかしなことに縞木綿の大風呂敷で包んだ鏡台の鏡だけを抱えていた。鉄道輸送で送り出した布団の中にくるみ込もうかとも思ったが、それでも割れてしまえばこのご時世で絶対入れ替えはできないだろう。それで手に持って帰ることにしたのである。今考えれば笑ってしまうのだが、何もかもが欠乏していたこの時代のいじましい発想であった。結局、鶏は途中で死んでしまい。鏡は沼津へついて開けてみたら割れていた。みじめな思い出である。

私たちは、戦中、戦後、このような難民同様の沼津、博多間の長旅を何回やったろう。私はその都度、武の力持ちに感心した。病身でひどく痩せているのに、どんなに重いトランクでも軽々とかつぎ上げ、もう一方の手にもトランクを提げてさっさと歩く。頼もしかった。男兄弟五人の末っ子で、家業の古物問屋を少年時代から手伝って、重い荷をかついで運ぶのは馴れていたらしかった。

列車は超満員で、車内には到底入れなかった。連結部分の横に荷物を積み上げ、寄りかかっているのが精一杯で、列車は空襲警報が出る度に停車する。気がついたら山陽線に入っているらしかった。窓は鎧戸が降ろされている上にさらに黒い遮蔽幕に蔽われていて何も見えないが、なんとなく右手に海を感じたのだ。要塞地帯で外を見ることは禁じられていた。

しらじらと夜が明けた気配がした頃、列車は止まって動かなくなった。姫路のようだった。しばらくしてアナウンスがあり、「昨夜の空襲でこの先の明石駅が燃えていて、先へ進めません。東京方面のお客さんは、ここで日本海方面に向かう列車に乗り換え、和田山で下車、そこで山陰線の上りに乗って京都に出て、京都から東海道線の東京行に乗ってください」と言っている。私は日本地図を思い浮かべた。中国地方を北に横切って日本海側を廻る大迂回だ。いつになったら沼津へ着けるか。もうなりゆきにまかせる他はなかった。降ろされた和田山は乗換駅で、構内はかなり広かったが、姫路での喧騒は嘘のように静かで、屋根なしのホームに真昼の陽が降り注いでいた。

鶏が死んでいた。いつ死んだのか気がつかなかった。暑い車内よりは窓の外で風に当たった方がよかろうと、窓の外に吊るしてあったのだ。だいたいここまで連れて来たのが無謀だった。武は、このままでは内臓から腐敗が進むから出してくると、ホームのはずれの水道栓のところへ降りて行った。私は見たくないから、ずっと離れてぼんやりしていた。私は自分では全く気が付いていなかったがこの時二人目を妊娠していたのだ。ひどく疲れやすくてだるかった。

京都からは珍しく空襲にもあわず、列車は順調に走って、あっけなく沼津に着いた。いつ沼津に帰り着けるか、かなり絶望的になっていたからそう思ったのだろう。

そのまま上野村へ

武の生家に帰り着くと、家中疎開の準備でごった返していた。長兄が挨拶ぬきで言った。

「おう、武、いい所へ帰って来た。宿なしのお前さんたちが第一陣だ。」

荷物を積み込んだトラックの助手席に私を押しこみ、武はトラックの上乗りを言いつけられた。長兄は一家全部が住めるような古い大きな農家を富士宮市の山手の上野村というところに借りてあると言う。築二五〇年の茅葺の農家だそうだ。見当もつかないまま私たちは上野村へ連れて行かれた。

上野村は富士宮市の西側の台地の上の村で、眼下に見える富士の西側の裾野の谷間を北上すれば、やがて本栖湖、精進湖と、富士五湖に通じる。その谷間の向い正面に、沼津では見たこともない荒々しい山肌を見せて富士山が迫っていた。真下の谷底の杉木立の中に、小さく大石寺の山門が見えた。創価学会の本山になった寺だ。

村を南北に貫く街道の家並みの前の石造りの溝を、澄んだ水が奔るように流れ下っている。女の人達がそれぞれの家の前で、洗濯をしたり菜を洗ったりしていた。

その築二五〇年という家は、大きな藁屋根の下に二十七もの部屋があるそうで、その中を二本のやっと人一人が通れるほどの細い廊下が東西に通っていた。北側の二本目の廊下は昼でも暗く、真中あたりの高い天井から暗い電灯が下がっていて、一日中ついていた。

私たちに割り当てられた部屋は、その暗い廊下に面した六畳間で、雨戸をあけるとすぐ裏庭で、その向こうを幅一間程のまっすぐな石組みの流れがとっとっと小さな波を立てて流れていた。

明るい南側に並んだ部屋の西の角が床の間のついた客間で、ぐるっと一間幅の厚い板の濡れ縁が廻っていた。

入口は南西のやや右寄りにあり、入ると裏口まで続く広い土間。左に高いカマチの座敷があって、真中に大きな囲炉裏があった。土間の奥半分が台所だった。

驚いたことに、この台所にも裏の流れが引き込んであって、鍵の手に曲がって又元の流れに戻るように造られていた。大きい流し台の横の大瓶に流れの水を汲んでおいて、流れに混じる砂や泥を沈殿させ、煮炊きや食器洗いに使うらしかった。

台所の土間は広くて、北側に土で築いた丸い大きなかまどがいくつも並んでいた。炊事用の作業台や、味噌や漬物の樽だったらしい大樽が古びた色で、これもかなりな数で並んでいた。

渡辺家の疎開家族たちは、各戸でそれぞれチマチマと炊事をしていたから、この大きな台所は誰も使わなかった。

私たちの部屋の前の流れがこの邸の北の境界線になっているらしく、その向うは幹のまだ細い杉の植林がずっと奥まで続いていた。

流れの水量は豊かで、お天気の日は澄んでいたから、慣れれば食器を洗うのも、米をとぐのも、やかんに水を汲むことも抵抗はなかったが、いったん雨が降るとたちまち泥色に濁って、その水で米をとぎ、やかんに水を汲むのはかなり勇気がいった。それもやがて馴れた。

第一陣が私たち一家で、その後続々と、武のお母さん（おばあちゃんと呼んでいた）と長兄の子供たち、つまり孫たち。その隣が私の叔父の一家。叔父は渡辺一家の兵役を一人で請け負ったかのように、日中戦争が始まって以来、負傷して帰ってきて、また召集されてと、延々十二年も戦地にいてずっと留守で、その妻の武の姉さんと子供たち四人。その向うが三番目の兄の一家。この兄は長兄と共に家業の中心だったから、ここも母親と子供四人。この子たちはみんな武が海水浴に連れて来た子供たちだから、忽ち、タケジイチャンオハナシとねだられたが、武はこの大家内の唯一の男手で、沼津との連絡や各家への食糧の配分などいつも多忙で不在がちだった。

上野村に来て一ヶ月にもならない、七月十六日の夜、沼津が空襲を受けているという報で、大人たちはみんな南側の濡れ縁に集まった。雨もようの闇の中で東南の一角がぼーっとピンク色に染まっている。どんどん拡がり、どんどん赤味を増していった。みんな心配で夜が明けるのを待ち兼ねた。

翌朝知らせが入った。沼津の大半が焼けたというのに何という幸運か、武の実家も周りの姉や兄の家も、そして千本松原の私の実家も焼け残ったという。後から母に聞いた話では、肋膜炎で沼津中学（現沼津東高）を休学中の弟（次男典雄）が屋根の上に上り、落ちて来てべたーっとはりついて燃え上がる焼夷弾の油脂を、あっちに走り、こっちに走りして火叩きでこすり消してくれたという。「弱い子だと思っていたのに、やっぱり男の子だねえ。よくやってくれた」と弟の働きに感謝していた。庭に長さ二mもある鉄の六角棒の焼夷弾の本体が落ちていたというから、直撃されれば即死である。心が凍るような思いで聞いた。

上野村では間もなく、上流の白糸村で赤痢が発生したという噂が広がった。しかしこの流れの他に水はないのだから、よく沸かして飲むしかない。

息子が赤痢になる

ずいぶん気をつけていたつもりだったのに、一歳半を過ぎて、ようやく元気に駆け回るようになっていた息子が下痢を始めた。血も混じる。村に一軒しかない吉田東洋という医者に往診して貰った。彼は帰りがけに庭の真ん中にある大きな庭石をさして、あの陰に穴を掘って、おむつを洗った水は全部そこへ捨てるようにと言った。ああ、やっぱり赤痢なんだ。私はちょうどその頃、二人目の妊娠で体調が悪く、そんな時に限って膀胱炎を起こしていて、暗澹たる思いだった。

医者は厳しく食事制限をした。二分がゆ子供茶碗一杯。野菜スープは汁だけ湯呑み茶碗一杯。何日か置きに私はこの子をおぶって一里近く下った街道筋の吉田医院に通った。近道をして畑の中を通るのだが、身を隠す物影なく、ひどく近くなっている用を足すのに苦労した。おぶい紐をほどき、背から子供を下ろしてもんぺの紐をとく。もう泣きたいようだった。

この頃、アメリカ軍が駿河湾に上陸するらしいと秘かに囁かれていた。駿河湾の一番奥、千本浜の西隣の今沢海岸に上陸用舟艇で一挙に上陸するのだという。今沢海岸は富士川の流入する湾流の関係で急深かだから上陸には最適だとまことしやかな噂だった。今沢海岸から富士宮に入る道は近いし、上野村はその地続きである。私はお腹の子供をどこで産むことになるだろうと暗い気持ちだった。どこまで逃げて、どんな山の中で産むことになるのだろうか。

あの気狂いじみた軍部は、どんな戦争の終わらせ方をするのだろうか。最後の一人まで戦わせかねない。サイパン玉砕、グアム玉砕、東京大空襲、沖縄占領。人がどれだけ死んでもかまわない連中だ。ここ二ヶ月以上新聞も読んでいない。情報はラジオの大本営発表だけ。駿河湾上陸の噂の方が本当かも知れない。

広島と長崎に落とされたという新型爆弾。秘かに囁かれる話も信じられなかった。

八月十五日

よく晴れた日だった。私は吉田医院の玄関前で、背から子供を下ろして診療を待っていた。珍しく体調が良く、くつろいだ気分で子供を遊ばせていた。すると正午に重大放送があるから座敷に上がってくださいと声をかけられ、奥座敷に入り、隅っこに子供を抱いて座った。私は二十歳の暮に開戦の詔勅を聞いている。どうせ挙国一致皇国を死守せよなんて勅語を読むだろうと思って、畏まって俯いていた。

激しい雑音の中から天皇の聞き取りにくい声が「シノビガタキヲシノビ」と言っている。私は心の中で「万歳！　敗けた！　戦争が終わった！」俯いたままこぶしを固く握りしめた。しかしここでは顔の色にも出してはならぬ。非国民と殴りかかられるかも知れない。武に累が及ぶ恐れもある。放送が終わると、誰にも挨拶もせず、黙って息子を背負い、それこそ飛ぶような思いで家に帰った。武と手を取って喜び合いたかったのだ。しかし武は留守だった。帰ってきたのは夜遅くで、何を話し合ったか何も覚えていない。こうして長い戦争は呆気なく終わった。

ガンジーこうちゃん

息子の下痢は続いていた。医師の食事の制限も相変わらずで、息子はどんどん痩せていった。

秋になって南向きの濡れ縁で日向ぼっこしている息子の有様は、足は骨に汚いぼろ布をかけたよう、皮膚は黒ずみしわだらけ。髪は抜け落ちてうぶ毛のような毛が僅かに生えているだけ。もう歩くことさえできず、お尻でいざって移動していた。そのたびにお尻の骨が床板にあたってコツンコツンと音を立てる。

今考えれば、この長い下痢は極端な食事制限による飢餓性の下痢だったと思う。彼はいつもひもじくて、うっかり置いたたくあんを丸かじりしたり、梅干しを種まで飲み込んだりした。か細い声で「マンマーカーイーチューカーイー」と言う。「まんまがいい。おつゆがいい」と言っているのだ。彼の知っている食べ物はおかゆとスープしかなかったのだ。今こう書いていても私は涙がこぼれる。まったく駄目な母親だった。疎開先の山の上では、他の医者にかけることもできず、誰の助言も得られなかった。ひとつ屋根の下に暮らしている大勢の従姉兄たちは、彼のことをガンジーこうちゃんと呼んでいた。本当にあのガンジーそっくりの一歳十ヶ月の幼児だった。

この年の秋はひどい秋だった。次々に台風が上陸して、洪水や山崩れの被害をラジオが伝えていた。国破れて山河ありと言うけれど、この国では山河まで破れてしまったと私は思った。

上野村は干柿にする渋柿の木がどの家にも畑にもあって、台風一過の翌朝には、足の踏み場もないほど、やや黄ばみかけた柿の実が落ちていた。疎開者の素人の悲しさ、義姉たちはもったいないと子供も総出で拾って来た。渋抜きは蓼の葉がどうのこうのと、何回も渋抜きを試してみたが皆失敗だった。この作業をこの家の広い台所で賑やかにやった。台所が使われたのはこの時だった。

十一月半ば過ぎ、ようやく上野村を引き揚げ、沼津に帰った。ねんねこ半纏で息子を背負った私が蛇松の居間に入ると、長兄が背中の息子の顔をのぞき込んで言った。

「泰子さん。この子は死ぬよ。」

私はツンと涙がこみ上げたが、笑ってごまかした。

「はい、ガンジーこうちゃんて言われてます。」

ズバッと率直な物言いをする豪快な人柄で、お母さんと二人でここまで商売を大きくしてきた長兄である。どんなに今まで助けられてきたかしれない。でも辛かった。

命拾い

私は息子を連れて千本松原の実家に帰った。学徒動員で出て行った弟（長男達也）が無事に帰って来ていた。彼は豊橋の工兵連隊に入ったのだが、間もなくこの部隊は硫黄島へ送られた。その時彼は重い黄疸を患って陸軍病院に入院中で残された。これが生死を分けた。やがて硫黄島は全員玉砕となる。その頃彼は渥美半島の先端の方で塹壕掘りをしていたと言っていた。

沼津も東京も焼野が原。働き口のない彼は子供時代から好きだった魚釣りを日課にしていた。わが息子はこの恩恵に預かったのである。黒鯛、タカベ、イサキなど、小型でも白身の高級魚。しかも新鮮このうえなしで、こんな美味しいものを、優先的に食べさせて貰ったのである。

「どうだ。こう坊。美味しいだろう。」

弟は無口で無骨だがやさしかった。丸い食卓の向かい側には六歳の末の弟（三男末男）もいる。菜っ葉雑炊だけの食事で、彼だってどんなに食べたかっただろう。でも弟は「まずこう坊に」と食べさせてくれた。これが毎日である。涙が出るほど有難かった。

配給は芋粉に高粱。一人当たりにすれば僅かな量である。母は大家内なので、鉄の大釜で雑炊を作った。お腹がかなり大きくなった私も手伝った。海から汲んで来た海水の塩味。塩さえなかったのだ。入れるのはキャベツの外側の大きな葉。硬いから細く刻む。米の代わりに高粱を一合ばかり。時にはそれに芋粉の小さな団子を入れる。各自の椀に盛る時には、団子は数えて入れる。お代わりは菜っ葉の浮いた塩味の汁と、高粱の粒が幾粒かという食事であった。

母は七人の子供を育てた経験で、我が息子に大胆に何でも食べさせた。餓えたこの子はガツガツとすぐ食べてしまっては「もっと」と言う。母は彼がゆっくり食べるように、いろいろ工夫してくれた。ふかし藷の時は、藷をつぶしてお椀の内側にへらで塗りつける。彼の二個分の藷はお椀にべったりとついているから、彼はスプーンでこそげ取って食べる。格好のいい手つきでスプーンを持って、丹念に熱心にこそげて食べていた。これで「もっと」が封じられた。

息子の生命力も強かったと思うけれど、この秋から次の春まで、母と弟の献身がなけれ

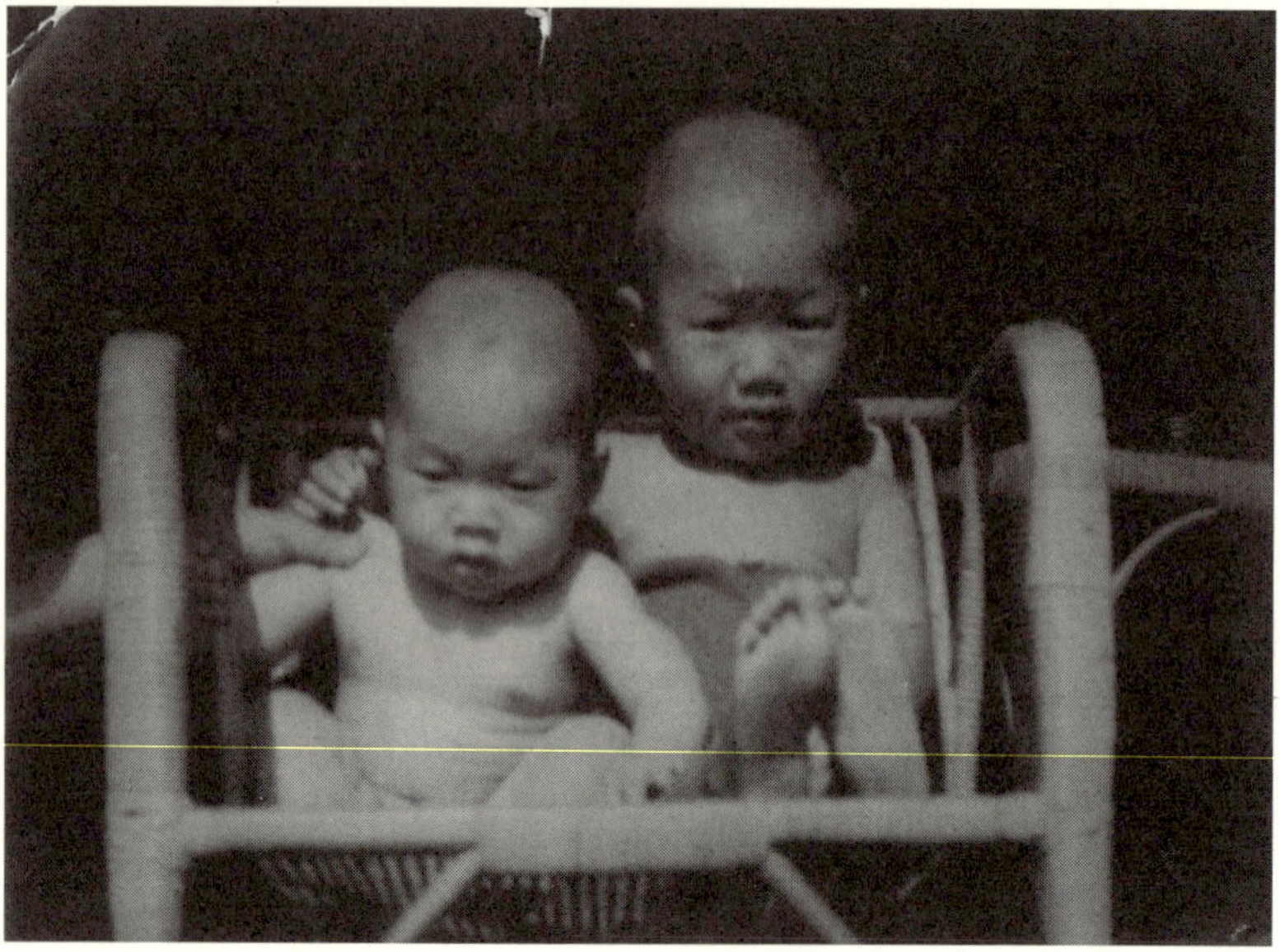

ば彼の恢復はおぼつかなかった。
日に日に回復して肉がついていき、翌年の二月六日、私が二人目の息子を産んだ日には歩いて私の枕元に赤ちゃんを見に来られるほどになっていた。
武は上野村から帰って間もなく、福岡高商から教授にと招請があって、単身福岡へ帰って行った。とりあえず、学生時代の下宿、箱崎の山田久五郎さんのお宅に厄介になっていると知らせて来た。福岡の東の端から市内電車を乗り継いで、六本松まで。ここから樋井川堤を田島橋まで、田島の部落を通り抜けてようやく油山の麓にとりつく。そこから学校までは山道を登る。二時間以上かかるらしかった。
千本松原の家では、ガンジーこうちゃんはもう嘘のようにどんどん肥っていった。乳を飲ませている私がげっそり頬がこけているというのに、二番目の息子の黎《れい》は白い肌のまるまる太った赤ちゃんだった。妹や弟たちは色黒の兄ちゃんを黒ブタ、白い赤ちゃんを白ブタと呼んで、可愛がってくれた。

この頃、街の映画館で、映画「キュウリー夫人」を見た。かつて読んだキューリー夫人伝の映画化で、主演は清潔な感じの美人女優グリア・ガースンだったと思う。自転車で新婚旅行に出かける二人。私たちもあの衝撃的な唯物史観の講義を聞かされた翌日、真似をして二人で自転車ハイキングに出かけた。若くて元気一杯だったあの頃。待望した時代が来たというのに、私には何の希望も見えない。何時になったら男女対等に働いたり勉強したり出来るのだろう。私は暗い映画館に座って涙を流していた。

戦後がはじまる

福岡に帰る・店先の六畳間

一九四六年（昭和二十一年）七月の下旬、武が部屋を借りたからと迎えに来た。長男、二歳半、次男六ヶ月、二人を連れて、また二十二時間の長旅である。

私は新しい家主に会うのだからと、レースで飾った白い襟をつけたりして、かなりおしゃれをしてきたつもりだったが、夏の盛り、冷房がある時代ではなし、窓はあけっぱなし、蒸気機関車の吐き出す煙と汗にまみれて、福岡に降り立った時はすごい有様だった。親子四人が煤で汚れた顔とよれよれの服、大荷物を前において、駅前の巨大な馬小屋のようなバスの発着場で待っていると声をかけられた。「どこからの引き揚げですか。」引き揚げ者の多い時代だった。

借りた部屋は、油山行きのバスの片江の停留所の前の守谷さんの家の玄関を入ってすぐの六畳間。玄関は土間で広くそのまま奥に続いている。右手の上がりかまちは高く、この家が以前商売をしていた頃使っていた大きなガラスケースが上がりかまちの左半分を占めて据え付けられたままになっていた。隣はガラス障子を隔ててご主人夫婦と娘さんの寝室である。

ご主人はこのあたりで戦争中から農民組合の指導者だったというお百姓さんだった。後に聞いたのだが、もとは西鉄の労働者で、昭和十二年の西鉄最後のストライキの首謀者として何人かの仲間と一緒に解雇されて、その時の退職金で片江に田圃を買って百姓になった、「俄か百姓ですたい」と笑っていた。現在は日本農民組合の樋井川支部長で、ここの共産党の細胞長だった。武がこの年のはじめに念願の入党をして、高商の近くに住む守谷さんと知り合い、それでお宅の一室を貸してくださったらしい。

ここ片江は、私たちが福岡空襲にあった別府町の別府橋の下を流れる樋井川の上流で、歩いて四十分近くの純農村地帯だった。守谷さんの前でバス道を右に入った台地が片江の本村で、この岐路にあまり大きくない栴檀の木が立っていた。その後ろに形ばかりの目隠しをした公衆便所と言えば聞こえがいいが、唯の小便壷が埋めてあるだけの誰でも使える便所があった。バス道は新しくできた道らしく、広いけれど石だらけ、穴ぼこだらけ、バスはその度にガタンと跳ね上がり、後部座席にいようものなら天井に頭をぶつける程だった。やや大きくなった頃、息子たちはガッタンコラバスと呼んでいた。

福岡高商へは、ずいぶん近くなったと言っても、片江本村の台地を越えてその向こうの広い田圃を横切るとようやく高商の山にとりついて、道とも言えないような山道を一気に上ると、高商があった。学制が変わって、この頃は福岡経済専門学校、福岡経専と呼んでいた。

ひどい住宅難の時代で、片江から一つ先の堤の停留所の右手に入った鎮守様の社殿にも経専教授の一家が住んでいた。

道端の畑

武の夏休みのうちにと、私たちは守谷さんがご近所の了解を取りつけて下さったバス道の田圃側の草むらを、巾一メートルばかり畑にしようと開墾をはじめた。生後七ヶ月の赤ん坊を背負っていては鍬も思うように使えない。私は一策を案じて、引っ越しに使った木のみかん箱を置き、その両端に座布団を二つ折りにして差し込む。その真ん中に赤ん坊を立てておくのだ。彼は小さな手で木のへりをつかみ、ニコニコしている。結構おとなしく親たちの畑仕事を見ていてくれた。考えてみれば無謀なことで、立つまでに成長していない足で立たせておいたのである。秋蒔きの野菜の種子を蒔くまでに耕してしまいたいと夢中だったのだ。かつを菜、ほうれん草、大根などを蒔いた。

九月半ばには七輪に鍋をかけて、かつを菜の葉を二、三枚かきに走る。用水の流れでさっと洗って刻み込む。何はなくても、新鮮でおいしい味噌汁が頂けた。

遅れていたが、南瓜の苗も植えた。部屋の道路に面した塀までの間に、僅かばかりの庭があった。槇の木が一本あって、その下へも植えた。九州の南瓜は畑の敷藁の上で育つのではなくて、木の枝や塀にぶら下がって育つのである。棒ぶらとか鶴首という名がついていた。直径十センチもの果肉だけの長い首が、枝に巻きついた茎から出た短い柄に三十センチ以上の長さでぶら下がる。種子は先端のややふくらんだ尻の部分だけにできる。果肉はオレンジ色で甘かった。二センチほどの輪切りにしてフライパンで焼けば、甘くておいしいおやつになった。

ポッポーさん

私はこの小さい庭が塀に囲まれてどこからも見えないのをいいことに、赤ちゃんのウンチ、オシッコはすべてここで済ませた。守谷さんの便所は、納屋の向こう側の庭の隅にある掘っ立て便所で、玄関を出て道を十メートルばかり走り、竹囲いの庭に走り入り、左手の大きな堆肥囲いのその向こうまで走らなくてはならない。私たち大人は大きい時だけ使って、あとは玄関の前の栴檀の木の下のトイレで済ました。男ならいいが、私は人のいない時を見計らって用を足した。ここでは女の人たちも道端におしりを田圃側に向けて立てて堂々と用を足していた。

掘っ立て便所がおかしかった。四本柱に屋根と床上部分だけに壁板があるだけ。床から下は便壺まで鶏共は通行自由。床に長方形の穴があいているだけの便所である。床下の方がずっと明るくてよく見える。鶏共は這いまわる蛆虫をコーコーと嬉しげについばんでいる。私は最初の数ケ月卵が食べられなかった。卵は貴重な蛋白源だったから、守谷さんから分けていただける分は子供たちに廻して、卵が食べられないのを夫に知られずに済んだ。言えばそれでコミュニストかと叱られそうだった。コミュニストはプロレタリアでなければならない。

この辺りでは鶏のことをポッポーさんと呼んでいた。私は鳩みたいとおかしかったが、子どもたちはすぐ覚えた。下駄はごんごんで、足はおんましである。これは雅な「おみあし」の訛りだろう。

ポッポーさんはわが小さな庭にもやってくる。子供たちは大喜びだ。庭に向かって赤ちゃんの足を捧げてウンチをさせる。ポッポーさんは落ちる先から平らげてしまう。私はそれをいいことに兄ちゃんの方も捧げてやった。かぼちゃを食べた時には透き通るようなオレンジ色、さつまいもの時は薄いベージュ色。ポッポーさんはみんな始末してくれた。

宵っぱりの赤ん坊

次男はひどく宵っぱりの赤ん坊だった。いつまでも寝てくれない。武が俺が寝かしつけてくる、と抱っこして田圃道へ出てゆく。彼の言うのには、もう寝たかなとそっと赤ん坊の顔を見ると、薄目をあけて武を見るというのだ。三十分も歩き廻って帰ってくると、彼はぱっちりと眼をあけている。武は怒っていた。「こいつは赤ん坊のくせにおれの顔色を見るんだ。」私は七ヶ月の赤ん坊に本気で腹を立てている夫に呆れたが、「まさかー」と笑って済ませた。何か言えばもっと怒りだすに決まっている。笑って済ますに限るのだ。

夜半、私は眼を覚まして抱いて寝ている赤ん坊を見た。なんと暗い中でパッチリ眼をあけているではないか。やっぱり宵っぱりだと呆れた。しかし夜泣くようなことはなかった。隣の部屋で寝ている守谷さんたちに気兼ねして夜のバス道に飛び出すようなことは一度もなかった。

赤ん坊が土間を這っていた

「赤ちゃんがねんねしている間に、ちょっと畑に行って来よう。」草取りをしないと野菜が草に埋もれてしまう。私は上りがまちに畳んだ夜具を高く積み上げて塞ぎ、上の息子を連れて畑へ行った。草を取り終えて帰って玄関の重い引き戸を開けた時の驚き。眼の下の土間を赤ん坊が這っている。どうして布団の山を越えたのか、今もって謎である。どこも怪我はしていなかった。泣いた様子もなかった。わが子ながらこの子は不思議な子で、この後も降りられなければ落っこちてでも降りるという流儀の子供だった。

兄ちゃんはその反対で、万事慎重で子供時代は臆病だった。いや用心深いというべきだろう。武が一緒に風呂に入って言うことには、「この子は抱っこして湯に入る時、そおーっと足を伸ばして湯の温度を確かめるんだ。」落っこちてでも降りてしまう弟とは全く対照的だった。

新憲法の記憶

この年一九四六年の十一月三日に新憲法が公布されているが、申し訳ないことに私には全く記憶がない。

実は今年の春（二〇〇六年）、長男がやって来て、詩人会議という雑誌から八月十五日にかかわるエッセーを頼まれたのだが、おふくろさんの八月十五日を聞かせてほしいと言った。それで前に描いたような私の八月十五日の話をした。すると胸に九条バッジをつけている彼が言った。「その次の年の十一月三日に新憲法が公布されたでしょう。その時はどうだったの？」私は愕然とした。何の記憶も残っていない。なぜだろう。

私は二人の息子を育てながら、この子らが二十歳になったとき、もし徴兵令が来る世の中にしてしまっていて、戦地に連れて行かれるようになったらどうしよう。わが息子が冷たい土に横たわって血を流して死ぬ。想像するだけで耐えられない。わが子が出てゆく時、「お母ちゃん、どうしてその時反対してくれなかったの」と言われたら、言い訳のしようがないではないか。親の世代の責任だ。私たちの親たちは反対すれば牢獄行きだった。でも今は違う。そう考えて積極的に運動に参加し始めたのは第一回の母親大会、原水禁大会のカンパ集めからだった。デモでも集会でも、私は一人でも多い方がいい。選挙で勝つのも、署名を集めるのも息子に赤紙の来る時代を来させないためだった。そんな中で育った彼は、今地域の九条の会で活動していて、「新憲法ができた時、おふくろはすごい感激だったろうな」と期待を込めて聞いてくれたに違いない。ところが私は何も覚えていない。武は学校から帰って、このことを話題にしなかったのだろうか。ペラ一枚だったけれどアカハタは毎日配達されていた。武はその頃学校の組合活動でも忙しかったし、今のタレント教授なみに九州各都市の労働組合、商工会議所から呼ばれて、民主主義とは、労働組合とはなどという講演活動に追われて忙しかったから、そのせいだろうかなどと考えたがわからなかった。

ところが間もなく、戦後間もない頃に自分の書いた原稿が載った当時のアカハタを探しに国会図書館に行って、マイクロフィルムを丹念に回していて偶然に発見したのである。新しい憲法草案が衆議院を通過した翌日の記事に、「勤労者を忘れた憲法」という大見出しで、国会での野坂参三議員の反対討論の内容が載っている。「主権在民というのなら、なぜ第一章が国民でないのか。第一章に天皇をおき、国民の象徴というのは、天皇を神格化し、国民の上に置こうとするものである」と論じて、「天皇の全文を削れ」などの修正案を出し、否決されたことが報じられていた。だからあの頃共産党は新憲法公布に熱くならなかったのだ。十八年とか十六年とか長い間監獄に入れられていた当時の幹部が望んだのは、もっと革新的な憲法だったのだ。私は電話でこのことを息子に伝えた。ずいぶん間違いも犯して末端の党員を苦しめた幹部たちだったけれど、この時点で第一章天皇に反対したのは当然だと思う。

その年は年はじめに二・一スト（※）がマッカーサーに禁止されて悔しい思いをしたのに、私は世の中が逆の方向に動き出していることは全く知らず、もう何年かしたら、いい世の中が来て、私は子供たちを託児所に預けて大学に行って、日本の歴史を勉強しようと暢気なことを考えていたのである。

※　一九四七年、生活苦打破を掲げた「二・一ゼネラルストライキ」は占領軍命令によって禁止された。占領軍が「解放軍」などではなく、戦後冷戦体制構築に向けて反人民的性格を明らかにしていく皮切りとなった事件。

答案の最後の一行

武の教えている学生さんたちの年齢は驚くほどまちまちだった。戦争からの帰還兵、職場経験者、中学を卒業したといってもほとんどが徴用で工場で働いていたし、とにかく軍国主義教育の最も激しい時代に育った若者たちで、教室も賑やかだったらしい。彼等はいまだかつて考えたこともなかった経済の仕組み、国の成り立ちなどを聞かされて、驚きでもあり新鮮でもあったらしい。中には皇国史観に凝り固まっていきり立って噛みついてくる学生もあったという。

笑ってしまったのは武の期末試験の答案の書かせ方だ。論文形式で、最後に一行、俳句でも詩でも何でもいいから書いておくようにと言った。退屈な答案を二百枚も読むんだから、せめて最後の一行で息抜きがしたいじゃないかと言うのだ。時々秀逸なのを見せてくれた。大笑いする一行もあった。最後の一行でその学生が見えてくることもあるそうだ。

手抜き子育て

この年、息子たちは三歳と一歳。狭い室の中より外へ出て遊びたい。しかし玄関の外はバス通りである。よちよち歩きの子を出すわけにはいかない。私は引っ越し用に作ってもらった大きな木箱を玄関先に持ち出して、その中へ入れておいた。外はバス停だから誰かが待っていて声をかけてくれたり、牛車が通ったり、兄ちゃんは箱の側で大人しく遊んでいる。誰かが呼んでくれる。「奥さん、ウンコば踏みつけとんしゃるばい。」

実は私はこの二人にパンツをはかせていなかった。あんなに痩せていた兄ちゃんは今は丸々と肥え、お腹がせり出している。彼は裸が大好きで、四月から裸で遊びたがった。町の小学生が油山へ遠足で通る。「あっ、双葉山（当時人気の大横綱）だ。」「双葉山だ。」口々にはやし立てて通った。

何ぼ何でも素っ裸はみっともない。私は夫のネルの格子柄の襦袢の片袖をほどいて二つに切り、手拭いで裏を付けて金太郎腹掛けを二枚作った。かなり大きな金太郎腹掛けが出来て、これを彼らに掛けさせると、お腹は冷えないし、下の角がおちんちんをしっかり隠してくれた。ウンチだオシッコだと汚されるたびに取り替えてやれるほどパンツの枚数がなかった。木綿の布地など到底手に入らない時代だった。金太郎腹掛けならどこでしてもかまわい。お尻が汚れれば田圃の流れで洗ってやればいい。しかし木箱の中のウンチはまずい。私はバケツと雑巾を持って飛び出す。村では貧しい家ではどこもそうだったのに、高商の先生の奥さんの荒っぽい子育ては噂の種になったようだ。なにしろバス停の前だったから、村中の人の話の種になってしまう。

下の子が兄ちゃんと走り回れるようになってからは、手拭い何本かで袖なし甚平を作って二人に着せた。これはちょうどお尻まで隠してくれてよかった。油山へハイキングに来たアメリカ兵たちにパチパチと写真を撮られていた。この話を聞いて妹たちは「日本の土人の子供たちなんてネーミングしてアルバムに貼られたかもよ」と笑った。

インフレ対策

武の研究テーマは、九大の研究室時代から「第一次大戦後のドイツ大インフレーション」だった。第二次大戦に負けた日本は同じような状況になっていた。彼は物価の上昇を予測して、わが貧しい家計を守る対策として大胆な買い溜めをやった。守谷さん方に厄介になったのを幸いと、じゃがいも、玉ねぎの収穫期に二十貫ずつ購入した。芽が出ようが葉が出ようが、食料の足しになればいいのである。菜種の収穫期には、農家はどこでも製油工場で菜種油を絞ってもらう。守谷さんにお願いして一斗缶で買った。米の収穫期には玄米で一俵分譲ってもらった。高商の教授時代はこの買い入れも何とかなった。共産党の常任になって無収入になってからも、私は有り金をはたいてこれを続けた。守谷さんは精米業もやっていたから何時でも精米してもらえたのである。

樋井川流域の田圃の裏作はすべて菜種だった。稲刈りの済んだ田圃でシャベルのような農具で田圃の土を四角く掘り取って、積み上げているのを見て、何をするのだろうと私は目を凝らした。両側から積み上げた高畝の上を少しばかり耕して菜種の種子を蒔くのである。春には一面の菜の花畑になった。見渡す限り油山の裾まで黄色一色になる。この風景を詠んだ歌を、二男を産んでまだ沼津に居た前年の春、武から贈られた。

みはるかす筑紫の野辺の菜の花よ
妻とし呼べどあらず恋しも

筑紫野の春はどこも菜種の黄色一色だった。

遠くから見れば、のどかな黄色一色だが、近くで見る菜種は強く猛々しくさえある。人の背よりも高くなり、直立する茎は緑ながら木の幹のように逞しく、葉は花屋で売っている菜の花の黄緑の柔らかい縮れた葉とは似ても似つかない硬い青白い緑だった。花がだんだん咲きあがって、下が実になってゆくと、青白色の海にわずかに黄色が漂っているようで風情があった。やがて青白色の豆の鞘の色一色になり、やがてベージュになり収穫期を迎える。

収穫は根ごと引き抜いて、稲架にかけて乾燥させる。田圃の真ん中に莚を広々と広げて、積み上げた菜種を、回転する棒を先につけた長い竿で四方八方から叩く。竿の先で回転した棒がよくうまく菜種に当たるものだ。何かコツがあるのだろうか。遠くから眺めた風景で細かいことはわからなかったが、叩き出した菜種を唐箕にかけて、割れて残った鞘を吹き飛ばしているようだった。

根や太い茎は薪として家に運ばれ、残った鞘の山に火がつけられる。油山から樋井川に沿って拓けた田圃のあちこちで煙が上がっている。晩春の風のない夕暮れ、この煙のたゆたっている風景はよかった。暗くなりはじめて、夕暮の底のあちこちに、赤く火が残っているのも美しかった。

これが終わると田起しが始まるのだが、この間に各農家は収穫した菜種を牛車で製油所へ持って行って絞って菜種油にしてもらう。私たちはこの時期に菜種油を石油缶で一斗買った。夫のインフレ対策は有難かった。玄米、じゃがいも、玉ねぎ、そしてこの菜種油があれば、食料が高くなって買えなくなっても、夫が無収入になっても、子どもを抱えて飢えるという心配はなかった。

私の新しい人生

武、教授から共産党常任活動家に

一九四七年の秋、武が言った

「学校を辞めて、共産党の常任活動家になろうと思うが、いいか。」

いいも悪いもない。婚約した時から覚悟していたことだし、彼が生涯の希望としていたことだ。九州地方委員長に赴任してきた紺野与次郎さんに誘われたのだそうだ。

「共産党は君のような経済に明るい指導者を必要としている。来てくれないか。」

獄中十二年、節を曲げなかった同志とかねがね尊敬していた紺野さんにそう言われて光栄だと思ったと武は言った。そしてつけ加えた。給料は三千円くらいは出せるだろうと言っていたと。私はまさかと思った。夫の勤めている福岡経専の組合はこれまでに三回も賃上げのストをして、ようやく今三千五百円になっている。貧乏な共産党に出せる筈がない。でもそんなことを言って武の新しい出発に水をさしてはいけない。私は黙っていた。

共産党にそんなお金が出せる筈はないと、かなり理性的に考えたのに、では全然給料が出なかったら、この先子供二人抱えてどうやって暮らしてゆくかについては全く考えていなかった。今になって考えると、なんという世間知らずのお嬢さん女房だったかと呆れてしまう。

間もなく武は何も言わずに帰って来なくなった。噂では、はじめての福岡県の教育委員の選挙の候補者にされて福岡県中を歩き回っているらしいというので、じっと帰りを待っていた。当時の党の、非合法時代そのままの秘密主義にも呆れるが、占領下で進駐軍違反の名目ですぐに逮捕された当時の情勢で、どうしようもなかったのかもしれない。

暢気に待っているうちにお金がなくなった。お米の配給も取りに行けなくなったが、家には例の買い溜めがあったから食べるには困らない。ところが、大家の守谷さんの奥さんから注意された。配給所の農業会で「渡辺先生方は配給を取りに来んしゃらんが、どげんしとらると」と噂していると言うのだ。闇売り、闇買いは取り締まりの対象になるから、守谷さんにも迷惑がかかる。何とかしなくては。このとき私が考えたのはここまでだった。

私が稼がなければ、この子らを飢えさせてしまうと、愕然としたのは何時だったのだろうか。十二月に入ったからだったと思う。

稼がなくては

私が子供を抱えて稼げるとしたら、洋裁の内職しかなかった。女学校で少し習っただけだったが、当時は既製品の洋服がまったくない時代だったから、自分の着る洋服は自分で仕立てていた。農村の娘さんたちの服ならなんとかこなしてゆける自信があった。

暮れも押し詰まったころ、私は沼津の実家にミシンを持ちに一人で帰った。武に、まだ二歳になっていない二男の黎も、この際面倒を見るのは当然でしょうとばかりに、二人とも預けて帰った。

内職を始めるには、アイロンや裁ち鋏やミシン糸など、いろいろ買わなくてはならない。その費用のために、蛇松の倉庫に預けっぱなしになっている武の書籍の木箱から、文学関係のものだけ売ってもいいと言われて来ていた。私が蛇松の倉庫の前で、トルストイ全集などを撰り分けていると、長兄の好郎さんが通りかかって言った。

「泰子さん、よしなよ。本はみんなおれが買ったことにするから。」「ありがとうございます。」私は頭を下げたが、なぜかみじめな気持で涙が出た。長兄は末弟の大事な本を嫁に売られるのは嫌だったに違いない。そんなことをするくらいなら俺が出してやろうという気持ちだったのだと思う。

私は本を箱に戻して、また縄をかけ倉庫に運んだ。このときお兄さんに三千円いただいたと記憶している。

福岡へ帰ると、守谷さんの自転車を借りて、唐人町に支度の買い物に出かけた。戦争が終わって二年と僅か、店にはろくな品物はなかった。それでも専門店用のカーキ色の大きな巻きのカタン糸。大抵の色の布に間に合ったが、切れ易い糸だった。ちょうどその頃、片江の娘さんが私の樺色の縫い紋の羽織を三千円で買ってくれて、生活費の足しになった。

初仕事は、これは私からのプレゼントとして仕立てたのだが、この年の四月、女学校に入学する守谷さんの娘さんの美伊子さんの制服の上下だった。今考えれば何と無謀なと驚くが、私は自分の普段着のスフ入りのモスリン風の縞の着物をほどいて黒く染め、布が薄いので夫の袷をほどいた裏地の紺木綿を総裏にして仕立てた。それでも元の縞模様が透けて見える。しかしこの頃はそんなことに構ってはいられないほど、物のない時代だった。襟と袖にはくっきりと白線を縫い付け、きっちりアイロンのかかった襞スカートを合わせると、立派な制服に見えた。美伊子さんは喜んで着て下さった。守谷さんは「うちの先生の奥さんは、仕立てのうまかよ」と日農の仲間の娘さんたちに宣伝してくれた。

未開放部落

この時初めて知ったのだが、日農（日本農民組合）加盟の農家はほとんどが未開放部落だった。私は未開放部落については全く無知で、守谷さんが貸してくれたパンフレットを読んでその歴史や実状を知った。古代豪族の私有の奴隷だった「部《べ》の民」は、大化の改新で一応公民になったけれど、各豪族は一族の戦力を支える馬具とか鎧を作る獣の皮を扱う部族は解放しないで残した。それが徳川時代まで続いて、徳川幕府は貧しい民を統治する政策に利用したのだという。士農工商の身分のさらに下に、えた、非人を置いて、貧しい階層の人々にお前らの下にもっと卑しい身分の者がいると差別で不平不満を封じたのだ。

この差別は明治になっても続き、戦後は廃止されたというものの、隠然として残り続けていたのである。

組合員の部落は、バス道から広い田圃を隔てた向こう側の長尾の尾根にへばりつくように住んでいる四十数戸で、こんな田舎なのに、何故かほとんどが福岡空襲で焼かれていた。低い焼トタンの屋根、入口の脇にしようけ壺（小便壺）。私はこの世にこんな貧乏があったのかと驚いた。

守谷さんの話では、前年に行われた農地解放(※)で、地主から土地を買い取って、一応は小作から自作農になったものの、もともと地主が彼等に貸し与えた田圃はひどい痩せ地で、この辺では平均八俵の反収なのに、彼等の田圃は良いところで四俵半、三俵しか取れない所もある。その上、部落ごとに割当てられた供出割り当てを、最終的に各戸に割当てるのは旧態依然として元地主のボス主導だから、酷い割当に文句も言えず泣き寝入りする。

※「軍部解体」「財閥解体」「治安維持法等の廃止」と並んで、戦後民主化の柱となった改革。戦前の寄生地主制度は解体され、農地は有償で小作農に引き渡された

年が明ける頃には自分の家で食べる米もなくなる有様だ。秋に米が出来るまでは農民なのに米を買って食べることになる。だから女房たちはみんなリヤカーを曳いて、朝早くから福岡の市内に野菜や花を売りに行って現金収入を稼いでいる。「それでどこの家も、亭主は女房に頭が上がらないんじゃ。」そう言って守谷さんは笑った。

そこの部落の娘さんたちが私の洋裁の内職のお客さんになるのである。

初めての紙芝居

この年の二月の初めだったろうか。守谷さんがその日のアカハタを持ってやって来た。「奥さん、この紙芝居、描いちゃらんね」と言う。当時のアカハタはペラ一枚で、その二面の下の方に文化欄があった。そこに「帽子のゆくえ」という紙芝居の脚本が、まつやまふみおさんのコマ絵付きで載っていた。脚本は稲庭桂子さん。内容は、面白おかしく展開していって、最後に主人公が「お腹がすいたらすいたと言おう。暮せないなら暮せないと言おう。間違っていたら間違っていると言おう。それが真実と自由だ。民主主義のはじまりだ」と叫ぶ。そこが守谷さんの気に入ったところで、「供出割当が不公平なら不公平だと言おう」と、農業委員に立候補するに当って叫んで回りたかったのだ。それにぴったりの脚本だったのである。

私は絵を描くのは好きだったから、すぐにまつやまさんのコマ絵を画用紙に大きく描き、クレヨンで色を塗り、厚紙で裏打ちをして紙芝居に仕上げた。

守谷さんは自分で舞台を作って、紙芝居の練習を始めた。それがあまりにも下手で、私はたまりかねて「私が代わりにやりましょうか」といってしまった。

次の日から私は、自転車で守谷さんのお伴をした。部落の辻々で、守谷さんの演説の前座に紙芝居をやるのである。

ところが集まってくるのは子供ばかり。村人たちは遠くの田圃や畑の中に立ち上がって「なんごとな？」とこちらを見ているばかり。ハンドマイクなんかない時代である。有名になったのは高商の先生ん方の奥さんが紙芝居をしに来たということだけで、選挙のお役には立ちそうもなかった。守谷さんは、「いや、いいんです。共産党の宣伝になりました」と笑っていた。

この時の選挙は酷かった。守谷さんは、日農の組合員だけでも二十三票はありますからと言っていたのに、開けてみたらたったの三票だったという。間もなく真相がわかった。前の晩の九時頃から、部落の小ボスが一升瓶を提げて、湯呑茶碗を片手に、一軒々々切り崩しに歩いたのだという。私は日頃何かと守谷さんを頼りにしているあの人たちがと信じられなかった。守谷さんが「帽子のゆくえ」を宣伝に使おうと思った気持がよくわかった。守谷さんはこういうことには馴れているらしく、全く気にしていなかった。

一方、私は一躍子供たちの人気者になった。毎日学校帰りの子供が玄関の前で叫ぶ。

「紙芝居、見せてやんしゃい。」

私はその子供たちを玄関の土間に入れて一間きりの座敷から「帽子のゆくえ」を演じた。この時代、農村には絵本も子供の雑誌もなくて、同じ紙芝居を何度見ても飽きないらしかった。

その様子を見て武が言った。「もう一つ何か子供向きの紙芝居を描いてやれよ。」私は武がかつてグリム童話の名手だったことを思い出して、「それなら、あなた。グリム童話で脚本書いて。」

こうして出来上がったのが「大入道小僧」である。ポスターカラー厚塗りの極彩色と言っても中間色のきれいな色を使って品よく仕上げた十八場面。今考えれば紙芝居の何たるかも知らず、お話の場面ごとに絵を付けた絵話なのだが、大変な人気だった。

この人気を見て守谷さんが思いついたらしい。「奥さん、農繁期託児所をやらんね。」彼は戦時中に日農支部主催でやった経験があったのである。

共産党入党

紙芝居をやって廻って間もなく、守谷さんが言った。「奥さん、共産党に入りんしゃいや。」

私はこの言葉は武に言ってもらいたかった。唯物史観の講義を聞いて以来、そう言ってもらえるよう一生懸命努力してきたつもりだった。しかし武のハードルは高くて、まだまだだったのだろう。いや忙しくて女房のことを気遣う暇もなかったのかもしれない。大学教授から共産党活動家に転身して間もない彼は元の肩書が物を言って、九州中の都市の労働組合、商工会議所などから呼ばれて、「民主主義とは」「労働組合とは」といった講演にでかけて、今のタレント教授並みの忙しさだった。

入党には推薦人が二人必要だ。守谷さんは自分ともう一人は当然武だと考えて、書類を持ってやって来た。武は喜んでくれる風もなく印を押した。虚をつかれて内心複雑だったのだと思う。私は彼にもっと喜んでもらいたかった。

武はいつも私を自分の理想像の型に押し込もうとした。私は自分がその型からはみ出す毎に、シンデレラの姉たちがガラスの靴に足が合わないと踵を削ったり小指を切ったりして血を流したように、心の中で血を流し、自信を喪い続けていた。華やかな婚約時代も嬉しかったけれど、楽しい思い出ではない。

入党は私の人生の新しい出発点になった。私はそれ以来、私でも役に立つんだとのびのびと一人歩きを始めたのである。

くちなわ

この頃、守谷さんは私たちが店先の六畳では如何にも気の毒と、裏の納屋でよかったら住めるように直すからと言ってくれた。納屋は左の端が牛小屋。黒い牛が一頭いた。真中は物置。右端は薪小屋だった。この辺では秋になると、雑木山から切りだした楢や樫の雑木を長いまま牛車一台分買って、切り揃え、暇々に割って、薪小屋に積み上げる。その薪を全部出して壁の外へ積み直し、その後を私たちの住まいにしてくれるというのだ。ガラス障子一枚隔てただけの部屋に私たち一家を住まわせて下さって、どんなにかご迷惑だったろう。私たちも気兼ねから解放されるのは有難かった。

薪の運び出しに部落の組合員が大勢手伝いに来ていた。鋼は小さいくせに生意気な口をきいて、小父さんたちにからかわれていた。ひときわ体が大きくて、顔中黒い髭だらけの吉松さんが言った。

「こうちゃん、くちなわのおるとよ。」

「くちなわってなんな。」

「蛇たい。長くて太かよ。出てきたらこうちゃん、どげんすると。」

「ためちゃう（食べてしまう）もん。」

鋼は大威張りで答えている。皆がどっと笑った。

「くちなわはえずか（怖い）よ。」

「平気だもん。ためちゃうもん。」

やがて吉松さんは納屋の中から長い竿の先に青大将を巻きつけて高々と持ち上げて言った。

「こうちゃん。どげんね。食べると。」

もう鋼はいなかった。誰かが笑って言った。

「青うなって逃げて行きんしゃった。」

当分の間鋼は、大男の吉松さんにくちなわでからかわれていた。

私たちは納屋の新居に移った。部屋は十畳近くあったが畳が置いてあるのは六畳だけ。後は古い畳表が床板の上に敷いてある。

天井はない。見上げると太い梁と屋根の裏側が見える。壁は田圃の土と切り藁を混ぜてこねた荒壁がむき出しのまま。窓は裏の山側に一つ。その窓の戸がなんと上へ棒で上げてつっかい棒にしておく板戸。閉めると部屋の中へは光が入らない。左右にある狭い戸口も板戸だからだ。だがなんとなく明るかった。隙間だらけのせいである。梁から裸電球が一つ下がっていた。

武は両側の荒壁に作り付けの本棚を作った。これも荒っぽい作りで、柱の一寸角も、棚板も、荒削りのまま使った。それでも武の経済書をびっしり並べると、家らしくなった。買い溜めてある玉ねぎを束ねて、高い梁に振り分けにして掛けた。夜、寝て上を見ると、いやでも玉ねぎが見える。秋から冬にかけて青い葉が見えたのから下ろして食べた。

窓の外は裏の片江台地が迫っていて、雨が降るとわが床下にみんな流れ込んでくる。のぞくと水面が光っていてまるで池だ。なかなか水は乾かず、湿っぽくて底冷えがした。子供らはよくおもらしをした。替えのパンツがなくなって泣きたいような時もあった。

守谷さんはこの納屋の中央部分に厚い床板を張った。ここで託児所をやるのだという。

農繁期託児所

守谷さんが地区委員会で農繁期託児所をやると宣伝したのだろう。手伝いたいという娘さんがやってきた。馬出《まいだし》の自転車屋のお嬢さんで、女学校を出て二年ぐらいという年頃だった。はきだめに天女が舞い降りたような美人である。なんと我が家に泊まり込んで手伝ってくれるという。

この農繁期は田植えの時期ではなかった。菜種の収穫期だったのだろう。初日には三十人以上も来て、納屋の床は座っただけで一杯になった。珍しいことに共産党の守谷さんのやる託児所に、片江本村からも来ている。紙芝居を見て、みんなの知っている限りの童謡を歌って、お弁当を食べたら守谷さんの作業庭で、かごめかごめやとうりゃんせで遊んで、ハンカチ落としをやって、最後にもう一度紙芝居を見て、どの子も大満足で帰っていった。ところが次の日、人数が急に減った。片江の子が誰も来ていない。これは託児所の終わる日まで続いた。すぐにニュースが入ってくる。片江の親たちが子供たちに行くなと厳しく言ったらしい。向こうの未開放部落の子と一緒に弁当を食べるのは「汚なか」というのだ。未開放部落のある親が私に話してくれた。

「奥さんは信じられんかもしれないが、私らはつい先頃まで日雇いに行った先の農家で、その家の土間に入るには履物を脱いで裸足にならなければならならなかった。その家の奥さんから食べ物をもらうときは片膝を土間について、両手で頂かなければならなかった。同じ人間同士でですよ。」

私は想像してみた。この思慮深い端正な容貌と立派な体格の勇さんが、本村のどこかの農家の土間へ入る時にそんな卑屈な態度をつい先頃までしていたとは。ましてや膝まづいて食べ物を頂くとは。そう言えば託児所へ来ているチズちゃんのお母さんは本村の娘さんで、部落の一番お金持ちでボスの息子さんと恋愛して、親から勘当されて一緒になったと聞いていた。私は未解放部落の深刻さを思い知らされたのである。

本村の子が来なくなっても、託児所で子供たちは楽しそうに過ごしていた。お弁当の時に驚いた。子供たちのお弁当の貧しさだ。たくあんと梅干し一個がほとんどだった。ただひとり、まだ三歳になったばかりの幼いチズちゃんのお弁当には甘そうな色をした煮豆が入っていた。みんながチズちゃんのその煮豆を見ている。みんな学校前の子だから、無邪気においしそうな煮豆に見とれていた。せめてみそ汁だけでも作ってやれたらと心から思った。その後も様々な場面でこの部落の貧しさを見て、自分の貧しさも忘れて驚いた。

この部落には給料取りは四人しかいない。その一人はチズちゃんのお父さんで、部落でただ一人の中学校出で、県立病院の事務職だと聞いた。他の三人は油山の麓にある市の火葬場の人夫。つまり昔から部落の人の仕事になっていた、隠亡《おんぼう》である。この三軒は、大ボスのチズちゃんの家を除いて、部落の中で暮らし向きがいくらかいいように感じられた。

この年の田植えは、私は守谷さんに手伝いを断わられた。「奥さんの植えたところは草取り機械が入らんけね。」それでせめてもと早苗取りの手伝いをした。苗代田で、苗を抜いて束ねる仕事だ。守谷家の田植えはこの界隈では毎年一番遅い。七月に入った太陽は容赦なく照りつけ、田圃の水はぬるま湯だ。二人の息子も腹掛け一つで腹まで水につかって大はしゃぎだった。上が四歳半、下が二歳半、わけもわからないで悪態をつくお調子者の兄ちゃんが田圃中に響くような大声で叫ぶ。「バカヤロー」その真似をして負けじと弟が叫ぶ。早苗取りをしている女衆がおかしがって笑うとますます調子に乗る。本村からバス停に降りてくる人がいると彼等は一層大声をあげた。「バカタレー」「オタンコナスー」知る限りの悪い言葉を叫ぶ。ゲラゲラ笑ってくれる人がいるのが嬉しくて、もう親が止めても止まらない。みっともなくて逃げ出したいような気分だった。彼等は「先生ん方のワルソー」と片江中に知れ渡ってしまった。

さなぼり演芸会

託児所がまずまずの出来で終わると、また守谷さんが言った。「さなぼり（早苗振）演芸会をやらまいか。向こうには博多仁輪加の名人がおるけん。」さなぼりというのは八月に入って二番草（植えた苗の間の雑草を抜き取る作業の二回目）が終えた次の日、村中で一日農休みをする日で、この辺ではどこの家でもガメ餅を作る。ガメ餅というのは、上新粉で作った皮で柏餅のように小豆あんをくるみ、山の方の原っぱで採ってきたガメの葉で上下を挟んで、せいろに並べて蒸す。大人も子供もガメ餅を食べて、田の草取りのひどい労働の中休みをする日だ。

向かいの部落（野添）で毎年秋に催す演芸会はこの辺りでは上手で面白いと評判で、この日に限っては部落以外の人も大勢見にくるそうだ。そのリーダーの安喜さんは、今思い出してみると植木等に顔も背格好も似ていたと思う。村で新しい仁輪加をやる時には、安喜さん自身が博多劇場の仁輪加芝居を見に行って来て稽古が始まる。せりふは口伝え。動きは安喜さんがやってみせる。仲間は長年の経験ですぐ呑み込み、この部落の最近のナンセンスな出来事も筋に加えて出来上がるという。

ところが守谷さんは、この芝居好きの連中に本格的な芝居をやらせてみたかったらしい。電産の組合の演劇部から二人先生を連れてくるという。私は守谷さんが預かってきた脚本を大急ぎでガリ版で刷った。なんと博多弁の部落の名人たちに、脚本は大阪弁だった。

舞台は託児所で使った納屋の板の間、客席はその前の作業庭。ここにむしろを敷きつめて座ってもらうという。来合せた安喜さんに脚本を見せると、彼は顔の前でひらひらと手を振って言った「そらまずか。わしらみんなろくに学校へ行っとらんけ、そげなとは読みきらん。平仮名がやっとじゃ。」私は大慌てで全員の脚本にフリガナをつけた。

指導に来た二人の電産の労働者に安喜さんたちは言った。「まずあんた方、読んで聞かせんしゃい。わしら、しっかり耳から覚えますけに。」大阪弁の芝居は仁輪加のように簡単ではなかったが、すぐに立稽古に入った。この人たちのカンの良さは驚くばかりで、大阪弁に博多弁がまじってしまうと、すかさず先生が訂正するだけで、どんどん仕上がって行った。部落一番の美人で仁輪加芝居でもアイドルの小夜子さんも出演して、とにかく当夜はおひねりがいくつも舞台に飛んだ。

人形劇

新しいもの好きの守谷さんがもう一つ演目の提案をした。「人形劇はどうじゃろか。」私はそのほんの少し前にプークの福岡公演を見たばかりだった。そこで考えた。人形を使う人と、セリフを読む人を別にすればセリフを覚えなくても済む。無知というのは恐ろしいもので何も知らないで人形劇に挑戦したのである。脚本は武に頼んで、「裸の王様」を書いてもらった。

共産党の文化部が出した「人形劇の人形の作り方」という僅かなページのパンフレットを頼りに私はまず紙粘土を作った。新聞紙を細かくちぎって水に浸したが、想像したように新聞紙は容易にほぐれてはくれなかった。仕方なくすり鉢ですっても見た。布海苔を混ぜて粘りを出し、ようやく粘土らしくなった。

首と手を動かすために指を入れる紙の筒をパンフレットでは古ハガキを指に巻いて糸で縛れと書いてあったのだが、ここで私はとんだ大間違いをした。ハガキの筒ではすぐに壊れてしまうだろう。私の作った紙芝居のように方々に貸し出して利用してもらうように丈夫なものにしたい。私は古竹を鋸で切って指に合いそうなものを選んで、その上に新聞紙を軽く丸めた頭の芯を縛りつけた。その上にちぎった障子紙をペタペタと貼って、いよいよ紙粘土をくっつけてゆくのである。私はこういう仕事が大好きで、子ども、王様、仕立屋、と次々に作っては、乾かすために首の竹の筒を守谷さんの作業所の竹垣に突き刺して干した。この竹垣はバス停への通り道だからたちまち大評判になった。「なんな、これ。」大人も子供も興味津津で眺めてゆく。庭に守谷さんの奥さんがいようものなら大声で尋ねる。奥さんは上機嫌で答える。「人形芝居の首ですたい。」「この首をどげんすると。」「さなぼり演芸会で人形芝居をやんしゃると。」この首干しは上々の前宣伝になった。

王様の金髪の巻毛も、子どもの髪も、本当はほぐした茶色の毛糸がほしかったが、セーターは何度も編み直して着る、古毛糸を集めては羽織下を編む時代で、とても手に入らない。私は肩まで垂れて見事にカールした王様の金髪まで紙粘土で作ってしまった。ただでさえ乾きにくい紙粘土だ。王様の首はいつまでも乾かなくて、カビが生えたりした。

上京・プークを訪ねる

人形たちの衣装を作る時になって、私はどうしてもプークの人形たちの実物を見てみたいと思った。それと、「帽子のゆくえ」の作者、稲庭桂子さんのいる民主紙芝居集団も訪ねて、新しく出版された紙芝居を買いたかった。幸い福岡の共産党の文化部長の小林薫さんが上京するから一緒に行けばいろいろ便宜を計ってもらえるだろうということになり、ご一緒させてもらった。

沼津の千本の家に一泊して次の朝、沼津駅のホームを通ると、「おい、その袋の中身は何だ。見せろ。」と構内の警官に呼び止められた。私が上京して弟の家に泊まるので米代わりにと母が持たせてくれたジャガイモである。それを、統制食糧の移動は禁止されていて、違反である、置いて行けと言うのだ。私はむかむかと腹が立った。こういう時に怒らないでどうすると自分を奮い立たせて怒鳴った。「冗談じゃないわ。これは母が千本松原の自宅の庭で作ったジャガイモよ。見て。砂地だからこんなに白くて小粒なのよ。これがどうして闇だというのよ。」没収を免れて列車に乗ったものの、平気を装っていたが、いつまでも動悸が治まらなかった。

その日の午後、小林薫さんに連れられて、プークの川尻泰次さんに会いに行った。目白駅を出て西へ歩いた。左手は見渡す限り焼け跡で、その向こうに見える屋根がプークだという。プークの大方は焼けてしまったが、ここだけ残ったという部屋の隅の大きな木箱に、人形たちは無造作にごろごろ入れられていた。幾重にも日本紙を貼って固めたらしい人形たちは、どれも驚くほど軽かった。私が作っている人形とは指に刺して持ち上げてみた感覚がまったく違う。どんなお話を伺ったか何も覚えていないが、川尻さんは人形を見に福岡から来たという私に呆れかえっていただろう。

このとき、ちょうど三越劇場で「桜の園」を上演中だった。私は見たいと思った。そして図々しくも川尻さんにお願いした。「今夜、「桜の園」を見たいんです。明日九州に帰りますので。」思い出しても呆れてしまう。田舎から出てきた小母さんに、今夜の三越劇場を何とかしてと頼まれて川尻さんはさぞ困ったことだろう。文化部長の小林さんの顔を立てて下さったのかもしれない。その夜、私と小林さんは三越劇場の立見席だったけれど、薄田研二と東山千恵子の「桜の園」を見たのである。

次の日、芝の文工会館に稲庭桂子さんを訪ねた。焼け残りのビルの北側の角店のガラス戸を開けると、小柄な幼稚園の先生のような人が事務机に向かっていた。丸襟の白いブラウスに紺のジャンバースカート、色白のかわいらしい人で、何より声がきれいで、ゆっくりやさしくしゃべる人だった。

民主紙芝居集団は、終戦の翌年から次々と結成されていった各分野の民主主義科学者連盟、いわゆる「民科」に連なる、教育紙芝居と街頭紙芝居を束ねた組織で、稲庭さんが事務局長をしていた。あのかわいらしい彼女が荒くれ男もいる街頭紙芝居の人々をも束ねて、使命感に燃えるジャンヌ・ダルクのような存在だったらしい。私の訪問を喜んでくれて、「九州で紙芝居を盛んにしてくださいね」と励まされた。私はまだ一歩踏み出したばかり。後に、この人の下で働くことになろうとは夢にも思っていなかった。

私は出版されたばかりの紙芝居、稲庭さんの「正作」を買った。彼女の戦後に印刷された紙芝居の第一作である。絵は永井潔さん。この時期の高揚した使命感と、戦争中から培ってきた紙芝居作劇の技術で見事な出来だった。

私はこの「正作」をこのときから九州を去るまでの二年半の間にどのくらい演じただろう。私はこの紙芝居を長尾の低い丘の尾根を越えた向こうの部落の子供会でやった時の、女の子の涙でいっぱいの目を忘れない。たった十六枚の動かない絵で、こんなに人の心を動かすことができるのか。私は紙芝居の持つ力を実感した。自転車へ舞台を乗せただけでどんな山奥の村ででも演ずることができる。農村活動にはぴったりだと「正作」で確信したのである。

福岡へ帰った私は、重たい首に衣装をくくりつけ、両袖に手首をつけた。

さなぼり演芸会は予想をはるかに上回る盛況で、見物席のむしろの後ろは立ち見の人たちが幾重にも重なって、小さな人形の動きなど見えはしなかっただろう。しかし前の方に陣取った子供たちは人形が動くだけで大喜びしていた。人形の使い手さんたちには気の毒なことをした。指をさし込んだ竹の筒がすれて痛くて、その上差し上げている手は首が重くて疲れてしまって、だんだん下がってきて、舞台の床面から見えなくなってしまう。散々だった。私は今度やる時は、軽い首をハガキを巻いた指の差し込み口で作ると心に誓ったが、演芸大好きの部落の人達も二度と人形劇をやろうとは言わなかった。

この時代の熱い同志意識

戦争が終わって、新しい時代が来たという高揚した気分。貧乏なんか問題ではなかった。

同志というだけで泊め、自分たちの食べ分を分けてでも食べさせた。この時代の気分が守谷さんに私たちに部屋を提供させ、馬出のお嬢さんは、我がボロ屋に泊り込んで託児所を手伝った。

この時代から五十年近くたって、私が編集者時代に童画家のいわさきちひろさんと親しい友人だったということから、劇作家の飯沢匡さんがちひろさんの評伝「つば広帽子をかぶって」を書くに当って何回か取材を受けた。その時飯沢さんは言った。「ちひろさんがはじめて上京した時、まず人民新聞の主幹だったエモリ・モリヤを訪ねてるんだが、その晩彼女はどこへ泊ったか、それがわからないんだ。エモリは結局、俊子さん（丸木）のところへ押しつけたんじゃないかなあ。」

私はこの時思った。松本から共産党のために絵を描きたいと上京したお嬢さんのちひろさんを、江森さんは当然泊めたはずだ。あの頃はそういう時代だったのだ。私が上京して川尻泰次さんに「桜の園」をおねだりしたちょうど二年前だったのである。

洋裁の内職

私の仕立屋は旧盆に向けて注文が集中した。仕立て代はギャザースカートが一円五十銭。ワンピースが二円五十銭だから、集中したといっても大した稼ぎにはならない。みんな部落の娘さんたちからの注文で、お盆の休みに連れ立って博多の街へ遊びに行くときに着るつもりらしかった。あの貧しい暮らし向きを考えればこれだけいただくのも申し訳ないような気分だった。注文は八月の旧盆前、秋の運動会の前、そして正月前の三回に集中した。頼みに来るのが遅いから、半月で三カ月分縫わなくてはならない。一枚でも断りたくなかった。このとき稼いでおかないと、あとは端境期で注文は殆どない。一日二時間しか寝られない日が一週間は続く。引き受けたからには必ず間に合わせなければ娘さんたちに合わす顔がない。この間だけは武も諦めて子供たちの面倒を見る。というより、この時期の前に、武に上京の機会があれば、どちらか一人を沼津の母に預けた。二人一緒だと魂消るような悪戯をしでかし、喧嘩もし、どうしようもないワルソー（悪い子、わからずや）なのだが、どちらも一人になると、何ともしおらしく可愛い子になった。とくに兄ちゃんがそうで、私の側に座って大人しく絵本を見ていた。グリムよりアンデルセンを好んで、あら、この子、繊細なとこあるんだと思ったりしたものだ。

部落からの仕事の来ない時期に来る仕事は、共産党でも構わない、ハイカラなものを作ってくれそうだからと頼みに来る奥さんで、ある時は亡くなった舅さんの夏のインバネス（男の和服用のコート）を持ち込まれた。これで今流行のドルマンスリーブのワンピースを作ってくれという。薄地のグレーのウール、この頃到底手に入らない上等な生地である。だがこの短いマントと、その下の大きな袖ぐりの身頃からどうしてドルマンスリーブを裁ち出すか。なにしろ只今最新の流行のスタイルで、私は袖下に大きなマチを入れた服など作ったことがなかった。博多の本屋へ行って、装苑とかのスタイル雑誌を買ってきて、巻末の製図を参考に型紙を作って、マント部分を腰から下のフレアーたっぷりのスカートに、とにかく当世流行のワンピースに仕立てた。奥さんはご機嫌だった。

将校用の夏の軍服を上下持ち込まれたこともある。これを来年小学校に入学する孫の入学式用の学童服の上下に仕立ててほしいと言われた。軍服の縫製は驚くほどしっかりしていて、まずほどくのに一苦労。ほどき終わったらついている糸屑をていねいに毛抜きで抜き、折り目に霧を吹き、かなり熱いアイロンを当て布をしながら丁寧にかけて平らにする。なぜかと言えば、これから守谷さんの大釜を借りて黒く染め上げるのに少しの染むらがでてきても困るからだ。黒く染まった布地にまたアイロンをかけ、ようやく型紙をあてる。ところが軍服はやたらに切り込みのポケットがあって始末に負えない。こんなに苦労して仕立て上げても、子ども用の上着とズボンの仕立代だ。誂え主は組合員のヨシキさん方のおばあさんである。街の人がお米と交換において行ったものだったのだろう。可愛らしく出来上がって私も結構満足した。

次の年の四月ころだったろうか、耶馬渓の故郷から東京へ帰る妹の友人がいた。弟の家に妹と一緒に住んでいた人で、身内同様の心易さで、子供二人を沼津へ連れて行ってほしいと頼んだ。子供たちにとっても千本松原の家によく遊びに来るお姉さんだったからだ。

この季節の夜明けの桶井川堤はさわやかだった。二人の子供は跳ねるように武と私の前を歩いていく。私はこの日のために、二人にお揃いの吊りズボンを作った。布地はありあわせのスフ交じりのカーキ色、新品なのはいいがこの色が気に入らない。私は朱色の絹糸で赤い星をミシンで刺しゅうした。星の角が一つだけ長いクレムリンの赤の星である。この二人を預かって連れて行ってくれる彼女の迷惑も考えないで、後から考えれば恥ずかしくて身が縮む思いだが、自分らしい人生を歩き出している私はかなり高揚した気分になっていたのだ。

門司港駅まで二人を連れていって、彼女に預けた。後から聞くとそれから沼津まで二十時間、我が二人の息子は彼女をハラハラさせ通しだったらしい。犬の子か猿の子のように、座席の下を這ってくぐり抜け、突然隣の席のお客さんの足の下から顔を出す。驚いてくれれば嬉しがってキャッキャと笑って次の座席の下へもぐる。お客さんが笑えばますます調子に乗って二人は這い回ったらしい。「もう手がつけられないの。恥ずかしかったわ。」ずっと後になって彼女が話してくれた。全く無考えな親だった。この息子ども、一人ずつならいいのだが、二人寄ったら被害は五倍にもなるのを知っていたのに。

次の年になると、二里も向こうの原村からも注文が来た。仕上がりを届けに行ったのだったろうか。私は夏の晴れた日、原村の広い田圃の中の一本道を歩いていたのを思い出す。後を黎がスキップで跳ねるようにしてついて来る。涼しい風が稲の上を吹きわたっていた。黎は新しい太い青い横縞の袖なしシャツに白の短パンツ。可愛らしかった。数えてみるとちょうど四歳半。一丁前の男の子という感じで歩いていた。

子供会

一九四八年の夏の終わりころ、守谷さんがまた新しい提案をしてきた。子供会をやろうというのである。

「大人どもはどうにもならん。もう小作人ではないのに、民主主義の世の中になったというのに、長い間威張られて這いつくばってきた地主に物が言えん。不公平な供出を割り当てられても泣き寝入りじゃ。若いものはオートバイなんか乗り回して遊びたいばっかり。女子《おなご》も同じじゃ。十五にもならんとにパーマかけて、ハイヒールはいて街に行きよる。子供のうちから民主主義をしっかり教え込まにゃあいかん。」

実は私も考えていた。貧すりゃ鈍すると言うけれど、先祖代々からの貧乏の悪循環だ。親は忙しければ構わず学校を休ませ、休めば子供はたちまち授業についていけなくなる。字もろくにかけず、九々もできないでは、就職なんか出来る筈がない。私はこの悪循環を断ち切るために、六年生の女の子二人を来年春にはどうしても新制中学にあげたいと思った。子供会ができれば子供たちとそんな話ができるだろう。この女の子二人は賢くて十分子供会のリーダーになれる子供だった。

九月に入って第一回の子供会をやった。子供たちのお目当ては紙芝居である。私だって他に能はない。紙芝居を見て、歌を歌って、なぞなぞをやってと、子供たちと遊んだ。これからは毎月一回やるからと約束したのに、子供たちは私の顔さえ見れば、「今度はいつ来んしゃると」と紙芝居をねだった。

守谷さんは、紙芝居「帽子のゆくえ」「正作」を近隣の未開放部落の仲間にも見せたくて、方々の村へ私を連れ出した。娯楽の何もないこの時代、この二作は充分大人の鑑賞に耐え得た。これに「大入道小僧」を前座に入れれば部落中の大人と子供を喜ばせることができたのだ。夕御飯を終えて、夜の田舎道を自転車を連ねて出かけた。私は勇さんの自転車の荷台に座布団を敷いて横ずわりに腰かけて、道々話をした。彼は部落で一番思慮深そうに見えたからだ。

「子供会で、大きい子供に部落の歴史を話してもいいでしょうか。差別が全く何のいわれもないことで、徳川時代にお上の都合で作られたものだから、差別に負けないで生きていこうって。進学しても、大人になっても差別はずっと続くと思うから、負けないで頑張ろうって、言ってやりたいのです。」

彼はしばらく考えていたが、ちょっと苦しそうに言った。

「やっぱり寝た子を起こしてほしくなかです。昔とちごうて、今は民主主義じゃから、学校では表向き差別は何もなか。今の子供はまだ何も知りまっせん。わしらの子供のころとちごうて、エッタとかヨツとか呼ばれていじめられることも今のところありまっせん。幸せですたい。だから、そっとしておいてやりたかです。」

私は、そうか、よしえちゃんやももえちゃんに、自覚して世の中へ出て行けと言うにはまだ早すぎるか。話せるような機会ができるまで、毎月の子供会を楽しくやろうと思った。そして勇さんに聞いてよかったと思った。

子供会を部落の尾根一つ向こうでもやるようになった。ここも未開放部落だという。この尾根のあたりに狐が出ると大騒ぎになった。なんでも村の娘さんが牡丹餅の入った重箱を持って尾根の向こうの親戚に使いに行ったが、夜になっても帰らなかった。村中大騒ぎで探し回っても見つからない。明け方になって村の墓地で放心したように座り込んでいるのを発見された。なんと重箱の中は空だったたという話である。

私は尾根を越えて向こうの部落の子供会へ、いつも息子二人も連れて行った。尾根の上はやや平らで、野菜畑になっていた。下りは笹薮の中の小道である。ここにさしかかると兄ちゃんがいつも言った。弟も真似して言った。

「お母ちゃん、キツネ、出るかなあ。」

怖いけれど、ちょっぴり期待しているという表情だった。いつも仔犬のようにじゃれ合って、喧嘩ばかりしている二人だが、こういうときは仲がいい。

前にも書いたが、この尾根の向こうの部落で「正作」をやった時の経験が私に一生紙芝居と付き合わせることになったのだ。

異議申請

この年の秋だったと思う。税金が重すぎてとても払えないと部落の人たちが守谷さんに相談に来て、集団で異議申請を出そうということになって、守谷さんは各戸を廻った。供出割当が過酷でも、掛け合う相手が部落のボスだと彼等は物が言えなくて泣き寝入りしてしまう。しかし今度の相手は税務署である。それにみんなが一緒だから心配はない。やがて書類が集まってきたが、守谷さんはそれを見て頭を抱えた。

「これはかなわん。みんな書き直しや。奥さん、手伝ってつかっさい。」

私は農業のことは何もわからないが、書類の記入欄へ入れる数字の計算なら手伝えると思って、守谷さんから要領を教えてもらい、各戸を廻って書き直しを手伝った。

金釘流の大きな平仮名で「りりち」と書いてある。使った農薬の欄だった。他の人の書類を調べて、それは「ＤＤＴ」のことだとわかったが、私は思わず笑ってしまった。福岡ではダ行とラ行の発音が入れ違うことを思い出したのだ。角のうどん屋は「かろのうろんや」になり、大学の大学生は「らいがくのらいがくせい」になる。武が言っていた。労働組合の有名な幹部でも、演説の時、労働者が「どうろうしゃ」になると。そう言えば、戦争中九大のロシア語講座に通ったとき、まだ一歳にならなかった息子を預けようとした武の馴染みのうどん屋の軒にかけてあった行燈には、墨で「うろんや」と書いてあった。

オートバイを乗り回している威勢のいい青年の家では、年とった父親の代わりに彼が応対してくれた。その彼が一万とんで五百円を記入するとき、1と5の間にいくつゼロを書けばいいか迷っている様子。私は恥をかかせてはいけないと、さり気なく「私が書くわ」と書類を引き寄せた。彼は苦笑いして、「わしらぁ、こんまい(ちいさい)時から、田植えだぁ、稲刈りだぁと、親の都合で学校を休ませられたけん、三年生頃にはもう算術はわからんごとなって、面白うなかけん算術の時間は八幡様の森で遊びよった。それで今でも算術は大の苦手じゃ。」

頼もしげな好青年の彼がそう言うのである。

三十数軒分まとまって、守谷さんは一括提出してきた。一ヶ月ほどしてからだったか、税務署が農協の二階の集会室に審査のために出張してくると通知してきた。

書類を作った時のあの様子では、一人だけで応対したら、海千山千の税務署にたちまち言いくるめられてしまう。私は一人々々、呼び出される毎に横にぴったりついて坐り、介添えをした。役人の項目ごとの質問に、子供が小学生を頭に七人もいるとか、ひどい田圃で三俵がやっとだとか、事実をあげて、時には泣きつき、時にはけんか腰で掛け合った。

次の年、税務署で私のことを「樋井川には怖いおばさんがいる」と噂しているという話を伝え聞いた。私は二十七歳、若いつもりだったのにおばさんになってしまった。顔つきも気がつかないうちにだんだんきつくなっていたようだった。

異議申請の甲斐があって、税金はかなり減免されたらしかった。義理堅い部落の人達は、そのお礼心もあってか、年が明けてから十人位が共産党に入った。

たちまち党費集めは私の仕事になって、大きな布の袋を持ってもらいに廻った。党費は米でいただくのである。午前中も早いうちに行かなければいけない。というのは部落の奥さんたちは働き者で、朝暗いうちから畑に行って、菜やねぎや、大根や、その季節の野菜を採ってきて洗い、束ね、庭先の花を切って仏様用の花束を作る。七時前には、白い布で顔を包み、すげ笠をかぶり、手には白い手甲。赤い紐をつけた絣の前掛け。続々とリヤカーを押してバス道を街へ下って行った。朝の清冽な空気の中で見るどの人もみんな美人に見えた。お得意さんは親の代から受け継いでいるとかで、昼過ぎには売りつくして帰ってくる。彼女たちの稼いで来る日銭は、給料取りがほとんどいないこの部落の貴重な現金収入だから、財布は奥さんが握っていて、ご亭主は頭が上がらないようだった。だから申し訳ないけれど御留守に伺うことになる。共産党に党費を払うなんて奥さんが承知するはずがなかった。

勝手口から入ってご主人に「党費を」というと、米櫃から一升枡に一杯、私の袋に入れて下さった。これが一年分の党費だったろうか。ほとんどの家が春先になれば、自分の家で食べる米がなくなる部落である。

米が集まると地区委員会に取りに来るように電話をかけた。若い同志がリュックを持ってすっ飛んで来る。私はこの時だけは、我が家のお米で白いご飯を炊いて、大根の煮つけかなんかでお腹いっぱい食べてもらうようにしていた。

一九四九年（昭和二十四年）という年

この年のことを思い出してみると、なんとすさまじい年だったのかと驚くが、農村の樋井川ではそれほど肌身には感じず、まだまだ暢びやかだった。

一月末の総選挙で、共産党は前回ゼロにまで落ち込んだ議席が一挙に三十五議席に増えた。九州でも、北九州では日鉄八幡を中心にする大工業地帯と筑豊の炭鉱の労働者の力で田代文久さんを当選させた。しかし、樋井川では党員の数は増えてもはかばかしい選挙運動もできず、何の変化もなかった。

牛を返せ

この年、福岡近郊では供出拒否の闘争が起きていた。すると出さない米を取り上げようと進駐軍のジープを先頭にやってくるようになった。税金の滞納の差し押さえにもジープを先頭にやって来るらしい。他所事だと思っていたら、ある日、原村のもう一つ向こうの前原《まえばる》の部落から、ジープを先頭にやってきた税務署に、税金の代わりに牛を持って行かれたという知らせが来た。

こういうときの部落同士の連帯の強さに、私はびっくりした。守谷さんが何もせんと嘆いていたこっちの部落の青年たちが、自転車を連ねて血相を変えて応援に出かけたのである。守谷さんは前原には日農の大きな支部があるので、前の日から泊まり込みだった。私も長男を連れて、バスの便はないので、いくつもの村と田圃を横切って歩いて行った。

前原の支部長さんのお宅の前は、近隣の部落から集まった青年たちでごった返していた。やがて支部長さんが熱っぽい調子で昨日の報告を始めた。長身の美丈夫で演説も上手だった。「あんな横暴なやり方は断じて許せん。今から牛を取り返しに行く。税務署までデモ行進をする。頑張ろう。」と呼びかけると、青年たちは湧き立った。

やがて「牛を返せ」と大書した莚旗を先頭に、「牛を返せーっ」とシュプレヒコールも勇ましく出発して行った。

次の朝、守谷さんから昨日の税務署前の騒ぎの様子を聞いた。税務署は扉を固く閉じている。「開けろ」「中へ入れろ」と青年たちは押しまくり、ついにガラス戸をぶち壊してしまった。その壊したのが、なんと算数が苦手でと頭をかいていたあの青年だという。威勢のいい青年だったけれど、組合とかデモには無関心のようだったのにとまたびっくりした。その後留置場に入れられたという噂は聞かなかったから、無事に帰って来たのだろう。この時彼等は牛を取り返してきたそうだ。

前原から帰ってくると、息子が面白いことを言った。

「お母ちゃん、前原の子は、野添（向かいの部落名）と同じ言葉を話すよ。」

「へー、どうな風に？」

「野添の子は、次郎ちゃんち（の家）へ行くって言うとき、「次郎ちゃんがい」って言うでしょう。前原の子もそう話してたよ。」

私は子供たちがそういう言い方をしているのは知っていたが、福岡近郊の農村の子どもの一般的な方言だろうとしか考えていなかった。なるほど、野添の子だけで、片江の子はそうは言わないのか。子供の観察力って鋭いなあと感心してその時は終わった。

この頃、樋井川農協の近くに、作家の大西巨人さんが住んでおられた。白面の美青年で、時々お付き合いがあった。新婚らしく、咲いたばかりの桃の花のように美しい奥さんとご一緒だった。私はこの奥さんと一緒に野添の部落でカレーライスの作り方の講習会をしたことがある。二人とも素人で、大釜で作る部落中の人が食べるカレーに入れるカレー粉の分量の見当がつかず、いい加減に入れたら何とその辛いこと。いくら水を足して分量を増やしても辛くて困り切ったことがあった。そんな失敗作にも拘わらず、みなさん、おいしいおいしいと食べて下さって、そののち、野菜ばっかりの肉なしカレーは野添のどの家でも夕食のおかずの重要なレパートリーになったようだった。

一九六〇年代になって、大西さんが発表された「黄金伝説」という小説を読んだら、私たちのいた樋井川のあの時代が描かれていて、その中に、未開放部落は昔から長い年月にわたって、部落間だけで婚姻が行われてきた結果、古い特有の共通の言葉が残っていると書かれていた。私は、ああ、あの時息子が言ったのはこのことだと思った。大西さんは作家の鋭い言語感覚で捉え、きっと部落の歴史資料などでお調べになったのだろう。

メーデーのお弁当

この年のメーデーは、私ひとりで野添の人たちと一緒に行った。息子たちは沼津に行っていていなかったのだと思う。

昼になって、お弁当を広げた時の驚きを今でも忘れない。守谷さんの片腕として活躍していた三反百姓の和樹さんの大きなアルミの弁当箱は、米はあるかなしかの押し麦で、それもほんの僅か、残りは切干大根と今が収穫盛りのグリーンピース。この季節、普通の家では青豆ごはんはちょっとしたご馳走である。しかし和樹さんの家では米の代用食。

私もずいぶん貧乏していたけれど、武のインフレ対策のおかげで、メーデーには白いご飯に梅干しを入れて海苔で巻いたおにぎりを、竹の皮に包んで持って来ている。

三反百姓は、春になると自分の食べる米がなくなると聞いていたが、目の当りにして胸が塞がる思いだった。彼は黙々と食べていた。

この春だった。野添のYちゃんが一年生に入学した。流行色の曙色ワンピースを買ってもらって嬉しそうだった。それが五月の半ば過ぎ、日曜でもないのに庭先で遊んでいる。「どうしたの」と聞くと、「遠足じゃけん」という。「あら、遠足なら行けばいいのに」と言ったら、「着ていく服のなかけん」という。彼女はあの服を入学以来着っ放しで、すっかり汚してしまったのだ。彼女はシャツも着ず、素肌にあのワンピースを、昼も夜寝る時も着っ放しだったのだ。この家は十五歳のお兄さんを頭に七人の子だくさんで、彼女は下から二人目だった。

Yちゃんの妹のSちゃんは、春先からいつも素裸で遊んでいた。私も息子を金太郎腹掛け一枚で放っておいたから他人のことは言えないのだが、Sちゃんは手足は痩せて細く、お腹だけが異常に膨れていた。ある晩お腹が痛いと苦しがって泣き叫ぶので、片江に一軒だけある医者に連れて行った。医者は一目見るなり浣腸したそうだ。すると洗面器にどっと大量の回虫が出たそうで、それでケロリと治って帰って来たという。守谷さんの奥さんが「丼鉢一杯、太かうどんのごとあったとよ」と話すのを聞いて、私は当分の間うどんを見るのも嫌だった。

寒い冬の晩、九時近くだったか用があって、少し時間が遅すぎるなぁと思いながら、野添の小ボスの小父さんの家を訪ねた。前年の農業委員の選挙の時、茶碗一杯の酒で、守谷さんの票を切り崩した人だ。外から遠慮がちに呼んでも何の答もなかったので、僅かに入口の戸を引いてみた。暗い電灯の下に大きな四布の掛け布団が広がっていて、その四方から家族が身体を入れて寝ている。敷布団はなくて、古畳の上に直接にである。ご主人は四十代の終わりくらいだったろうか。子供も四、五人はいたと思う。私はそっと戸を閉めて帰って来た。

この小父さんの一張羅は、陸軍の将校の軍服だった。五月に入って汗ばむような陽気になると、彼は素肌にこの上着を着て、前ボタンをかけずに肥ったお腹を出して風を入れていた。足は地下足袋である。反り身で大威張りで歩く、陽気で憎めない人だった。

守谷さんの耕運機

この年、守谷さんは田植えの準備の田起こしを、樋井川では誰も見たことのない電動の耕運機でやった。大牟田の辺りの農協の倉庫に埃まみれで眠っているのを見つけて、譲り受けてきたという。ゴムで被覆した電気コードを籾摺小屋から何十メートルも引いて、物凄い騒音を広い田圃中に響かせて耕していた。どの農家でも牛に曳かせた大型の鋤で深く起こし、もう一度熊手のような鋤で細かく砕く。どこの田圃でもほとんど終わっていたから、奥さんは気が気ではなかったらしかったが、守谷さんはひどい音で片江と野添の両方の村から注目を集めながら二日ぐらいで七反の田圃の田起こしを終えた。

奥さんはいつもこぼしていた。百姓が朝の十時頃起きて、ドテラ姿でいられてはみっともなくてたまらない。その上、昼過ぎになると自転車で福岡市内にある日農県連の事務所へ行ってしまう。誰が見たって怠け者の百姓ですよね。そう言いながらも、旦那に一目も二目も置いているようだった。

守谷さんは、籾摺機、精米機、製粉機を備えた小屋を持っていて、村人の小口の依頼に応じていた。畑作も狭い畑をうまく使っているようだった。誰も茄子を作らない年には茄子を作って高値で出荷する。次の年真似してみんなが茄子を作ると、彼は台地際の畑に炭俵に土を詰めて並べ、見事な牛蒡を作って儲けた。だから奥さんは怠け百姓と悪口を言いながら信頼しきっていた。旦那が寝ていようが朝は暗いうちから牛の餌の草刈りに出かけた。草は日の上らないうちに刈ると軟らかくて刈りやすいし、牛も喜ぶのだと言っていた。

シラミ

この年の何時頃だったろうか、武は北九州の方へ出掛けて、月に一度くらいしか帰らなくなった。党のことは何も話さない人だから私も聞かない。彼がその頃話してくれた話がある。朝鮮人の家へ行くとお茶代わりにマッカリというお酒を出される。小麦粉で作った酒でかなり酸っぱいらしかった。いつか一本もらってきた。白く濁ってひどく水っぽそうなお酒だった。

彼が帰宅すると大変だ。すぐに身ぐるみ脱がせて、守谷さんから借りた釜で湯を沸かして、大きなバケツに入れた衣類全部に熱湯をかける。シラミ退治である。縫い目にぎっしり並んでいると言っていたが、眺めている暇なんかない。とにかく熱湯で皆殺しにする他はないのだ。

納屋住まいで風呂は守谷さんのもらい湯だったから、裸になったついでに、少々寒かろうとタライの行水で一ヶ月分の垢を落としてもらった。ともかくも武の帰宅は一騒動だった。

九月革命説

この年の何時頃だったろうか、守谷さんが空を仰いで、嬉しそうに独り言のように言った。「民主連合政府ができたら、わしは樋井川の村長じゃ。」

私は守谷さんを尊敬していたけれど、この時ばかりは、「馬鹿な」と思った。三十五人もの議員を当選させたのだから、日本の中にも進んだ農村はあるかもしれないが、守谷さんのような有能なリーダーがいても、影響のあるのは未開放部落だけで、あとはどこもどうしようもない昔ながらの保守派ばかり。日本中こんな農村が大部分だろうと思えた。それで世の中が変わるはずがないではないか。

後になって聞いた話だが、この頃日本中で九月革命説が囁かれていたらしい。私はそれで守谷さんがあんなことを言ったのだとわかった。

この原稿を書くに当たって、年代の記憶違いをしないように、岩波の近代日本総合年表をいつも参照していた。この年、一九四九年を一月から追っていたら、四月四日に団体等規制令が公布されている。共産党を弾圧する準備だった。そんな中で六月十八日、「共産党書記長の徳田球一が中央委員会で、九月までに民自党を打倒と発言」と出ていた。これがどんどん拡がって、九月革命説になったんだと私なりにわかったような気がした。三十五議席になって舞い上がっていたのだろう。

共産党を弾圧する準備は着々と進んでいた。占領軍が知恵も力も貸していたに違いない。七月五日、下山国鉄総裁の轢死事件、七月十八日、三鷹で無人電車の暴走事件、八月十七日、東北線松川駅近くで列車の転覆事件。政府はすぐに共産党がやったのだと宣伝、続々と共産党員が逮捕された（※）。

九州のしかも農村部にいた私は、不吉な予兆を感じながらも、もしかしてと思ったりした。東北地方の平市では、労働者と市民で警察署を一時占拠などというニュースも聞こえてきたからだ。

そしてこの年の十月一日、中国では共産党が蔣介石軍を完全に全土から追い出して、人民政府を樹立した。

こんな慌ただしい政情をよそに、九州の田舎の私たちは暢気に秋の文化祭の準備をしていたのである。

※「国鉄三大ミステリー事件」とも「戦後三大謀略事件」とも言われ、当初よりＧＨＱの特務機関の関与が疑われていた。詳しくは、松本清張『日本の黒い霧』をお読みください。

差し押さえを芝居にする

九月一日、樋井川でもちょっとした事件が起こった。中央で起こっている恐ろしい事件とは異なって、何ともユーモラスな事件である。

野添の高木さんの家に税務署が来て、差押えの紙をベタベタ家財道具に貼っていると知らせの青年がすっ飛んできた。守谷さんが駆け付けると高木さんの家の前は黒山の人だかり。私も追いかけて人だかりの後ろに立って見物した。

高木さんは留守らしいのだ。十五、六の娘さんが一人、税務署はその子に印を出させて、箪笥から仏壇などめぼしい家具に差し押さえの証紙を貼っている。

守谷さんは家の中に入るや、大声で税務署員を叱りつけた。

「あんたらぁなんごとな。主の留守に上がり込んで、未成年の娘っ子にハンコウ出させて、そげんペタペタ貼るたぁ、まったく法律違反じゃ。直ぐにはがしんしゃい。」

集まっている部落の人達は急に元気になって、口々に「はがせ」「はがせ」「帰れ」「帰れ」とわめき立てた。こういう時に一気に盛り上がるのが部落の気風である。あまりの勢いに分が悪いと思ったのか、二人の税務署員は、貼った紙をみんなはがして、何も言わずに帰って行った。

なんと、留守だと思った高木さんは、本当は怖くてお便所に逃げて隠れていたとかで、大笑いになった。

間もなく守谷さんがまたまた面白い提案をしてきた。あの差押えの一件を芝居にして、秋の文化祭に出そうというのだ。

「わあ、面白いわ。やりましょうよ。」

私はすぐに乗った。そして二〇分ばかりの劇に仕立てた。みんな本人出演である。高木さんはお便所に隠れたのではなく、ちょうどそこへ帰宅したことにして、一世一代の啖呵を切ってもらうことにした。

「あんたらぁ、なんごとな。あるじのあたきの留守の間に、娘っ子を脅かして、ハンコーばつかせてこげんベタベタ貼りよって。あたきゃあくさ、たにしじゃぁなかけん、家ばかるうて（背負って）逃げはきらん（逃げることはできない）。何時でも待っててやるけん、そげな紙はがして、出直して来んしゃい。」

上がりかまちに片膝立てて、裾をまくり、博多仁輪加ばりの大見得を切る。拍手大喝采。

「いよー、大統領」の声がかかる。守谷さんが駆け付けて、農民が過酷な税金にどんなに苦しんでいるか、何で弱い者いじめをするのか、取れるところから取れと激しく抗議すると、見物もいっせいに叫んだ。「そうだ。」「そうだ。」

高木さんはこの後、便所に隠れていたことはすっかり忘れて、税務署を追い払った勇者気取りになっていた。

間もなく日農福岡県連の大会があって、そこでこの芝居をもう一度やってほしいと頼まれた。出演者一同大喜びで、小道具の鍬やらカマ、背負い篭、麦藁帽子、手拭い持参で福岡の会場に出掛け、ここでもまた拍手大喝采を浴びた。

この話が、アカハタ編集部に伝わったのだろう。文化欄から原稿依頼が来た。私は字数の制限のことなどお構いなしに、三倍くらい書いてしまって、そのまま送った。十二月八日号に掲載された時には見事にばっさり削られて、面白くも何ともなくなっていた。指定の字数を守らなかった私が悪かったと諦めた。

ひどい紙質の原稿用紙に鉛筆で書きとばした原稿。控えを取っておくなどという才覚はなかったから、国会図書館のマイクロフィルムから探し出してコピーしてもらった記事から思い出すしかないのだが、改めて読み直してみると、模範的農村の文化活動風にまとまっていた。この年の緊迫した政情下で、樋井川の面白おかしい差し押さえ劇は、こういう記事になる他なかったのだろう。

ああ一九五〇年（昭和二十五年）

稲庭桂子さんの紙芝居講習会

一九五〇年の春、民主紙芝居集団の事務局長の稲庭桂子さんが、文化運動に役に立つ紙芝居の演じ方の講習会ということで、九州各県を廻った。皮切りが福岡で、会場は新築した九州地方委員会だった。私は長男を連れて出掛けた。この子はこの年の四月、長尾小学校に入学しているので、まだ三月の内だったのだろう。二男は沼津に預けてあり、武は北九州へ行ったきりでいなかった。

地方委員会の事務所へ行ってびっくりした。貧乏な共産党がどうしてこんな大きな建物が建てられたのだろう。木造で見かけは映画館という感じ。一階の半分は吹き抜けで天井が高く、中央に二階への普通より幅の広い階段が付いていていた。今思い出すと安普請で映画のセットのような建物だったが、納屋に住んでいた私は驚いてしまった。

その中央のあたりで、階段の手すりを背景に稲庭さんの紙芝居は始まった。「ねむらぬくに」という稲庭さんの脚本で、絵は今考えればまだ二十代前半だったろう漫画家の石川雅也さん。この紙芝居は前年初めて各種の文部大臣賞の制度ができて、紙芝居部門で第一回の文部大臣賞受賞作品だった。幼児向きの、夜は早く寝ましょうというテーマの作品。寝るのが大嫌いな子が、寝なくてもいい国があると誘われて行くと、遊び放題、食べ放題。疲れて眠くなると、大ふくろうが寝てはならぬと番をしている。時計が十二時を打つ。「とろろーん、とろろーん。」稲庭さんが甘いやさしい声で独特の抑揚で演じたのを昨日のことのように思い出す。

この翌々年、私は稲庭さんの下で働くようになったのだが、彼女はこの時の私のことを「二年前にあった時は、赤い絹のブラウスを着て、お嬢さんみたいな人と思ったのに、僅かの間にきつい顔つきに変わっていて、そう、闘士という感じになっていて驚いたわ」と言った。そうだろう、税務署の役人にもこわい小母さんと噂されていたし、寝る間もないほど内職に追われてミシンを踏み、守谷さんの提案に精一杯取り組んで、鏡を見る間もない暮らしをしていて、気付かない間に変わっていたのだ。

私は自分の変わりようの激しさで思い出すことがある。プークの人形を見に上京する前だったと思う。守谷さんに税務署が差し押さえに来たのだが、玄関の部屋は私たちが借りているので、税務署は裏の勝手口に廻っていた。野添からも何人か応援に駆け付けて来ていて、狭い勝手口でもめていた。私は玄関を出て庭の方から廻って人垣の後ろから伸びあがるようにして税務署と守谷さんのやりとり、野添の衆の罵る声を聞いていた。私は自分でも情けなくなるほど震えていた。みっともなくて自分で自分の手を押さえていた。野添の人たちに震えているのを知られたくなったのだ。それがその秋には、農協の二階で税務署と喧嘩腰で異議申請の交渉をしていたのである。

この紙芝居講習会の時、私は宮本顕治さんの姿を見かけた。講習会では挨拶はされなかったから、どういう立場で九州に来ておられたのだろう。

この年の一月、コミンフォルム批判（※）で中央の意見が分かれ、宮本さんは徳田球一さんと対立しておられると聞いていたので、私はその時思った。今も昔も九州は政争に敗れた者の流されて来る所なんだと。

※　朝鮮戦争開戦直前の一九五〇年一月、コミンフォルムは日本共産党の「占領軍の解放軍規定」「占領下での平和革命論」を公式批判。これをきっかけに日本共産党は、主流派徳田球一らの「所感派」と少数派宮本顕治らの「国際派」に、事実上の分裂となった。同年六月のレッド・パージ後、北京に亡命した徳田球一らは、中国共産党の抗日武装闘争を模倣した極左冒険主義的戦術を指令。組織に大きな混乱を招いた。サンフランシスコ講和後の一九五二年総選挙では、日本共産党は議席ゼロに惨敗。日本共産党は、一九五五年の第六回全国協議会（六全協）で極左冒険主義を正式に自己批判し、党の分裂に終止符が打たれた。（上田耕一郎『戦後革命論争史』）

なお、コミンフォルムは「共産党・労働者党情報局」の英語略名。

一九五〇年のメーデー

この年のメーデーはすさまじかった。この頃になると、何かと言えば占領軍違反だと逮捕された。メーデーの日も、福岡県委員長は捕まって獄中だった。この一ヶ月後には中央の幹部全部に追放令（※）が出るという切迫した情勢だったのである。まだまだのどかだった農村部から出て行った私は、いきなり緊張の渦の中に巻き込まれた感じだった。私は長男を連れていた。メーデーへは一家揃っていくことになっていたから、母と子二人だけでもと、学校を休ませて連れて来たのだ。後悔しても遅かった。私は隊列の内側に息子を入れてしっかりスクラムを組んだ。

※　いわゆる「レッドパージ」。朝鮮戦争開戦数日前の一九五〇年六月、占領軍マッカーサー命令による共産党員と支持者の「公職追放令」。共産党は非合法化、機関紙『アカハタ』は発行停止になった。

県庁近くになると両側は警察が二重三重に囲んでいて、その中で蛇行デモが始まった。「間隔をつめろ」「間をあけるな」前からも後ろからも鋭い声が飛んで来る。少しでも間隔があくとさっと警察が割り込んでリーダーを逮捕するという。しかし間隔がつまると、どうしても前の人の踵を踏みそうになる。私と向こう側の人の腕に支えられて必死に足並みを揃えていた息子が泣き声で叫ぶ。「お母ちゃん、ズックが脱げちゃうよう。」「どんと強く踵を踏んで足を入れるの。もう少しよ、頑張って。」私は息子をかかえている腕に力を入れた。この子が転んだら、ズックが脱げたら、デモ隊列の中にいる私はどうしたらいいのだ。この状況では隊列を抜けることは不可能だ。私は息子の腕を抱えて必死だった。どこで解散になったのかも覚えていない。次の記憶は春の日射しのうららかな樋井川沿いの道を息子と二人、牛車の後ろに腰かけさせてもらって家に帰るのどかな情景だ。つい一時間前の県庁前の激しい蛇行デモが嘘のようだった。

数日後、長男の受け持ちの尾崎先生から聞いた話のほほえましかったこと。忘れられない。

「こうちゃん、きのう、どこへ行きんしゃったと。」

「メーデーたい。」

「メーデーってなんな?」

「おまわりが棒でバチバチ叩くとたい。」

教室でこんなやりとりをしてくださった中年の女先生、尾崎先生に感謝したい。

尾崎先生にはユーモラスな思い出がある。授業参観の日だった。先生は国語の読本を読む子供たちの発音を直しておられた。地元の子供たちはみんな「です」が「れす」になってしまう。先生はうちの息子を指名した。「こうちゃん、読んでみんしゃい。」彼は福岡訛りはないから正しく発音できる。「そう、よくれきました。」子供たちは何べん読んでも「れす」、直す先生は地元生まれの方だ。先生の「です」も怪しかった。

長男は二学期までこの小学校にいて、私たち一家が沼津に引き揚げたので、沼津第二小学校へ転校した。尾崎先生は三学期になって、クラス全員に絵入りの手紙を書かせて送って下さったと母から聞いた。というのは、私は子供たちを母に預けて上京。武と同居して非合法活動に入っていたからだ。母の死後私は形見分けに母の文箱をもらった。その中に、粗末な藁半紙の束があった。長尾の子供たちのたどたどしい手紙である。私は改めて尾崎先生の温かさと、大切に保管してくれていた母の気持ちが有難くて涙ぐんだ。

戦後第一回、第二回のメーデー

メーデーついでに、戦後第一回と第二回のメーデーについて書いておきたい。どちらも子供を連れていたからだ。

戦後第一回のメーデーは、私は二男を沼津の実家で産んで、まだそのまま実家にいた。どういう都合だったのか、武が福岡から帰って来ていて、大倉高商の助教授の輝雄兄と、東京の戦後第一回のメーデー見物に行ったのである。参加する団体がない個人は見物するしかなかったようだ。宮城前広場（※）を埋め尽くす大群衆と歓声、林立する赤旗に輝雄兄と武は興奮していた。

※　敗戦とともに皇居前広場は国民に解放されて「人民広場」と通称され、一九四六年の戦後第一回メーデーも皇居前広場を会場として開催された。以後、一九五〇年メーデーまで続くが、同年九月、朝鮮戦争開戦に際し占領軍命令で使用が禁止された。翌一九五一年九月、サンフランシスコ講和条約によって日本の占領状態は終了し主権を回復。メーデー実行委員会は、占領軍命令は

失効したとして、翌五二年メーデー会場に皇居前広場を申請。しかし政府が拒否したため実行委員会は提訴。東京地裁はこれを憲法違反として不許可処分の無効を判決していた。これに対し政府は即時上告したため時間切れとなり、一九五二年メーデーは明治神宮外苑広場を会場として開催された。これが「血のメーデー事件」発生の伏線となった。

私はまだ三ヶ月の二男を背負っていて、日比谷公園側のビルの壊れたコンクリートの上で赤ん坊のおむつを替えたこと、疲れたことくらいしか覚えていない。

先日、国会図書館でこの頃のマイクロフィルムを回していたら、アカハタに丸木俊子さんのメーデーのスケッチが載っていた。高揚した気分がよく出ている見事な切れ味のペン画だった。いわさきちひろさんがメーデーのスケッチをしたのは次の年だろうか。童心社時代、画家の桜井誠さんが話してくれた。「僕はその頃、新聞記者でメーデー会場に行っていたんだ。あの松の木の生えたお濠の土手の上で続々と出てくる隊列を描いていたら、隣で描いている女学生みたいな若い女の子が、やたらにうまいんだ。それがちひろさんだったんだよ。」私は彼女が亡くなってずっと後、頼まれて原画の整理をしていてそのスケッチを見ている。だから、丸木さんの第一回のメーデースケッチを見て感慨無量だった。

私の第二回のメーデーは福岡の東公園だ。

娘時代のワンピースを着て、二人の息子を連れていた。共産党の隊列を探してうろうろしていたら、会場整理の人らしい男の人が寄って来て、「朝連（朝鮮人連盟）の方はどうぞあちらへ」と指さして教えてくれた。私はかなりしゃれたワンピースを着ていたのに、一目で朝鮮の人と間違えられたのである。私は母の話を思い出して、親子二代とおかしかった。

私は母に一番似ている。やや頬骨が高く扁平な顔のつくり、眉が薄く、目が細い。母は若妻の頃、和服で歩いていたのに、白い朝鮮服の男の人に朝鮮の女性と間違えられたという。

この時の息子たち、上が三歳、下が一歳。まるで仔犬を二匹連れているような気分だった。大勢の人たちの中で、土の上を這い廻り、転げまわってはしゃいでいた。

第三回は何故か何一つ記憶が残っていない。第四回が先に書いたグリーンピースだらけのお弁当に驚いたとき、そして第五回がこの騒然たるメーデー、次の年は私は非合法活動に入っていて参加していない。そしてその次の年があの血のメーデー（※）である。

※ サンフランシスコ講和条約成立によって占領が終了した翌五二年五月一日、皇居前広場で起こった大規模流血事件。メーデー参加のデモ隊の一部と警官隊が衝突。警視庁および検察庁は「騒乱罪」発動を決定し、警官隊はデモ隊に対し警棒と拳銃を使用した。死者二名（一名は背中からの拳銃弾による死亡、一名は頭部挫傷による死亡）、負傷者千数百人を出す惨事となった。検挙者一二三二名、うち二六一名を起訴。二〇年を越す異例の長期裁判になったが、七二年、「騒乱罪」は不成立として全員無罪が確立している。事件当時、国会上程中であった「破防法」審議では、この事件が大々的に利用された。

武、非公然活動に入る

一九五〇年六月六日、マッカーサーは吉田首相宛ての書簡で、共産党幹部二十四名の公職追放を命令した。二十四名は直ちに非公然活動に入った。しかも共産党はこの前にコミュンフォルム批判で分裂状態だったから混乱は激しかった。特に福岡は分裂の先駆けをやっていて、末端にいる私には何が何だかさっぱりわからなかった。

武が北九州から帰って来て、非公然活動に入ることになったからと、秘密の連絡の方法だけ伝えてたちまちいなくなった。

六月二十五日、朝鮮戦争がはじまった。

アカハタも発刊停止になった。

非合法になろうとどうなろうと、私はお盆前にはしっかり稼がなくてはならない。三年目とあって遠くの部落からも注文が来て、また寝られない日が続いた。

八月の終わりごろだったろうか、暑い日だった。緊急の秘密の県党会議を開くから、西の方のかなり遠い部落の農家に集まるようにという指示で、私は息子二人に留守居をさせて、夏の暑い日射しを真向いに受け、大汗をかいて、田圃を越え、いくつもの集落を横切って歩いて行った。

会場は大きな農家の客間二間を、この暑いのに襖で締め切り、いっぱいの人で息苦しかった。襖の隙間から夏の午後の強い光が細い線になって光っていた。

驚いたことに議事は、星野力県委員長のスパイ容疑による除名だった。星野さんは西日本新聞の編集次長から共産党活動家に転じた方で、夫妻ともよく知っていて、そんなことがあるはずはなかった。何を血迷って馬鹿な事をと腹が立った。この混乱ぶりでこの先どうなるのかと、私は暗澹たる思いで帰って来た。

九月に入って間もなく、武が突然帰って来た。これから東京へ行くのだという。この一年半近く、北九州でひどい生活をしていた武には、もはや外出着と言えるものはなくて、私が仕立てた開襟シャツに下駄ばきという格好で出掛けた。後から聞いた話だが、本部へ行ったらそんな恰好で来てもらっては困ると叱られたそうだ。仕事は赤旗後継紙の編集で、なぜ遠くの九州から呼んだかと言うと、在京の人間では警察が顔を知っていて、たちまちつけられて、秘密の印刷所に踏み込まれて発刊停止になってしまう。地方の顔の知られていない者をということで呼ばれたらしかった。

私はその翌年非公然の仕事をするようになって、武が中央で叱られた理由がよくわかった。貧しい服装で目立ってはいけない。ごく普通の目立たない、髪型も服もプロレタリア嗅のない恰好で巷に紛れていなければならなかったのだ。

九州地方委員会は崩壊していた。武が九州に戻ることはもうないだろう。子供二人抱えて、私がここで頑張っている意味がなくなってしまった。ともかくも沼津へ引き揚げよう。しかし、私がいなくなれば、せっかく続けてきた子供会はつぶれてしまうだろう。卑怯ではないか。私は後ろめたい思いにさいなまれた。何度も自分に問いなおした。どうしようもないじゃないか。諦めよう。私は沼津へ帰って、武を追って東京へ出る決心をした。

また引越しの荷造りをした。武の大量の書籍と昭和十五年以来の西日本新聞のバックナンバーを木箱へ詰めて荒縄を掛けた。

書籍のうち文学書だけは全部、武の大学時代からの馴染みの古本屋さん、渡辺通り一丁目の四宮さんに買ってもらった。四千円いただいた。「こんなに沢山」と私が言いかけたら、西宮さんは「いや、お餞別の気持ちをこめてですよ」と小さな声で口ごもるように言った。

ふとんまで全部送り出してしまったので、最後の晩は武の最初の教え子で当時九大の研究室にいた別府正十郎さんの新婚のお宅に、迎えに来た武ともども親子四人泊めて頂いた。

福岡郊外の農村、懐かしい樋井川に沿う村々。私はここで自分を取り戻した。守谷さんにすすめられて紙芝居を描いて、党員になってからまだ二年九ヶ月しか経っていない。でも私はここで大学へ四年通った以上に勉強させてもらったように思う。

子供会で子供たちのために演じた紙芝居、百回、いや二百回以上か。いやそれ以上かもしれない。私はこの体に刻み込んだ経験でその後の人生を生きた。童心社で紙芝居や絵本を作っていた時も、その後地域で教育運動をやり、党の末端で新聞を配り、集金していた時も、福岡時代が生きていることを感じていた。

福岡で当時の私を知る人たちは、私が農村で紙芝居屋をやって子供を育てていたと思っている人が多い。私はその話が出るたびに、「いいえ、洋裁の内職で食べていたんです」と訂正するのだが、紙芝居をやっていたイメージは余程強かったらしく、この伝説はずっと一人歩きしている。

樋井川でのわが息子たち

私にとって人生の出発点となった樋井川の暮らし、そのそばに何時も息子たちがいた。成長の節目のように思いだされる数々の無邪気な悪戯。困りながらも笑わずにはいられないこの子たちとの暢びやかな思い出。書き落としてきたものを拾っておきたい。

おんまホース

長男の鋼が間もなく三歳のお誕生日を迎える頃、きっとクリスマスプレゼントだったのだろう。武が戦後の出版にしては珍しく紙も印刷もいい絵本を買ってきてくれた。読んでやってゆくと、馬が出てくるとカッコ付きで英語でホースと書いてある。すべてこんな風に出来ていた。息子はたちまち覚えてしまって、守谷さんの娘さんの美伊子さんが面白がって「おんまはなんな」と聞いてくれると彼は得意になって「ホース」と答える。人参〜キャロット、雀〜スパロウ、孔雀〜ピーコック、美伊子さんは延々と相手をしてくれた。

次の年の二月、沼津で輝雄兄さんの結婚式があって、一家揃って帰郷した。実家の千本松原の家に泊まると、たちまち息子は私の妹や弟たちに囲まれ、「おんまホース、孔雀ピーコック」で愛嬌を振りまいた。

輝雄兄さんの結婚は、「妻をめとらば才たけて、みめうるわしく情けあつき人」などと言って遅れていたので、私たちは二人の子供連れの列席となった。結婚式は千本松原の私の生れた家の前の元のミツワ石鹸の三輪別荘をそのまま料亭にした沼津倶楽部で行われた。

つい何年か前まで、輝雄さんと武が海水浴に連れてきた姪や甥たちはいまや二十数人、子供好きの輝雄さんの結婚式らしく、すべての子供たちにお膳が運ばれた。最年長の彗子ちゃんが六年生、子供たちはそれぞれの七五三の晴れ着を着、蝶ネクタイを結んでいた。世にも珍しい子供がいっぱいの結婚式だった。

鋼も私がかって末の弟のために作ったズボンや不二絹のワイシャツ、妹のために作った刺繍飾りつきのボレロをおばあちゃん（私の母）に着せられて、丸々と肥った顔をニコニコさせていた。これが僅か一年二ヶ月前にガンジーこうちゃんと呼ばれて、痩せさらばえていた子だろうか。みんなに可愛がられていた。

二男の黎はこの時満一歳。丸々と肥ってようやく歩き始めていた。それが黒羽二重に昇り竜の鋼の百ヶ日に母が贈ってくれた祝い着を着せられていて、羽二重は滑りやすい布地で、抱き上げるとつるりと滑っておむつをしているお尻が丸出しになる。抱いている私も着馴れない留袖に丸帯を固く締められていて、まことに格好のつかない親子だった。着馴れない着物を着せられているという点では女の子たちも同様で、廊下を走り回るから裾は広がり、脛はむき出し、トイレに行くのも一騒動だった。お引物は大きな紅白のおまんじゅうが入った菓子折。物のない時代にこんなことのできるのも丸和の商売のおかげで、妹たちはあのおまんじゅうが嬉しかったと今でも語り草にしている。

私は実家に二泊したのだが、その間中、鋼は妹たちに腹話術の人形のように、方々の家を連れまわされ、「おんまホース」「にんじんキャロット」をやらされていたらしかった。

この年齢の子供の記憶力はどうなっているのだろう。次の年の夏にはこれらの単語はすっかり忘れていて、妹たちをがっかりさせた。

鉄カブトのようなかさぶた

この年の秋の終わりからだったろうか、弟の黎の頭にできものが出来はじめ、次々に出来てカサブタがくっつき重なり合い、まるで鉄カブトを被ったようになってしまった。今思えば戦後の食糧難からくる栄養失調の典型的な症状だ。固まっているので塗り薬も効果がない。無理にはがしてハゲにでもしたら困ると思案にくれていた時、守谷さんの奥さんが教えてくれた。「できものには二日市の温泉が効くげな。」二日市なら近いから日帰りができる。早速私は二人の息子を連れて、弁当持ちで朝早くから出掛けた。

客の少ない午前中の明るい大浴場で、息子どもは大はしゃぎ。裸で走り回っていた。私は時々黎を膝に乗せ、後頭にそろそろと湯をかけてやっていた。昼食後は濡れタオルでそろそろと撫で続けた。そのうちになんとタオルにカサブタが剥がれてついてきたのである。剥がれた後の髪の毛も無事だ。私はもう嬉しくてお湯をかけてはそっとタオルでなで下ろす作業を続けた。午後三時頃にはカサブタはすっかり取れて、縮れ毛の黎ちゃんに戻っていた。できものは完全に治っていて、傷痕も何もなかった。二日市温泉湯治は大成功だった。私は帰り道、きれいになりついでと大奮発して駅前通りの理髪店で二人の散髪をしてもらった。迎えてくれた守谷さんの奥さんの満足そうな笑顔が無性に嬉しかった。

まっしろけ

弟の黎がまだ小さかったから、同じ頃だったのだろう。私は守谷さんの奥さんに二人を預けて外出した。何の用だったか全く覚えていない。この留守中に二人はとんでもないことをしでかしてくれたのである。

守谷さんの奥さんの話では、その日にご主人に製粉してもらった小麦粉を、バンコ（九州では縁台のことをバンコという。スペイン語から訛ったものらしい）の上に新聞紙を広げて干しておいたところ、うちの息子どもはそれを見つけて、バンコによじ登り、その上で踊っていたという。二人とも全身まっしろけ、キャッキャと大喜びで飛び跳ねていたらしい。当時小麦粉は貴重な食糧だった。奥さんは息子どもの跳ね散らした粉をどう始末なさったのだろうか。お金で弁償するというのもこれだけ厄介になっていて言えるものでもなく、唯々平謝りに謝るほかなかった。

「よかよ。二人ともまだこまか（小さい）けん、わけがわからんでやったことたい。」そう言ってくださる奥さんの目に、大事な小麦粉を台無しにされた口惜しさが滲んでいるようで、一層申し訳なさが増した。

私は兄ちゃんに聞いた。

「どうしてお粉の上で踊ったりしたの。」

「だって、レイがやってて面白そうだったもん。」

この後、二人の悪戯のパターンはいつもこれだった。黎が奇想天外な遊びを見つけ、兄ちゃんがその尻馬に乗る。兄ちゃんは肥っていて力が強いから、悪戯の被害は何倍にも拡大してしまうのである。

「お粉はね、大事な食べ物なの。パンやうどんやすいとんや、みんなお粉で作るの。今度レイがやろうとしたら、兄ちゃんはやっちゃだめって止めてね。」

彼はシュンとしてうなづいた。

曲がった足

この年の春から夏にかけて、二人は例の金太郎腹掛けと甚平で、家の前のバス道を走り回って遊んでいた。

黎が兄ちゃんに負けじと走ってゆく。この子はよく転んだ。走って行く後姿を見て私は気がついた。ひどいX脚で、膝のあたりでもつれてしまうらしい。

あっ、あのせいだ。私は二年前の夏、まだ七ヶ月だというのにミカン箱に立たせて畑仕事をした。まだ立つ程には骨が発達していなかったから、この子はこんなひどいX脚になってしまったのだ。取り返しのつかないことをしてしまった。悔やんでももう遅い。大きくなってもこんな足だったらどうしよう。私は後悔と心配にさいなまれた。しかし黎は何時も機嫌よく元気に走り回っていた。

彼は小学校六年生頃から成長期に入って、みるみる背が伸び、結構格好よく育ってくれて、私は責任を免れた。

アメリカさんのごとある

黎は兄ちゃんと走り回れるようになっても言葉が怪しかった。ひどい早口で何を言っているのかわからない。いいたいことが山ほどあるのに発音がついていかないというのか、薄い唇をちょっと反らせ気味にまくしたてる。私たちの耳には「アッチキチキチキ、アッチョコチョコチョコチョコ」としか聞こえない。守谷さんの奥さんが笑って言った。「レイちゃんはアメリカさんのごとある。言葉はちっともわからんし、髪の毛は茶色で縮れとんしゃるし。」

ところが間もなく、彼が突然大人のような言葉を喋りだした。「僕はもう大きいのだから赤ちゃん語は絶対喋らない」と決意したらしく、「しょ」とか「しゃ」とかの拗音を使わないからまたおかしなことになった。障子は「そうじ」、醤油は「そうゆ」と唇をとがらせて、まともな日本語を喋るつもりで一生懸命になっていた。だから彼には、赤ちゃん語、片言の時代はなかった。

杭につかまって泳ぐレイ

黎は赤ちゃんで這い這いしている時代に、布団の山を乗り越えて、土間に落ちて這い回っていた子である。この年田植えの時期になって、田圃のまわりの水路の水量が増えた頃、私がバス道の向こうを見ると黎が流れに浮かんでいる。驚いて走って行くと、彼は水路の中に立っている杭につかまって身体を浮かせ、顎を突き出して笑っていた。

私は驚くのをやめて感心した。水の深さは彼の腹くらいだろうか。どうしてこんなこと思いついたのだろう。兄ちゃんは怖がりだからこんなことは絶対にやらない。この時も姿が見えなかった。黎が自分にできない遊びを始めたので、他所へ遊びに行ってしまったらしい。黎は流れに身を任せて浮いている快感を一人で楽しんでいた。私は野菜の洗い場に降り、しゃがみこんで、わが二歳半の息子の大冒険を見守っていた。もし杭から手を離せば流されてしまう。五メートルばかり先にはバス道の下を潜る丸いコンクリート管の暗い穴が見える。危なかったらすぐ掴まえなくてはと思いながら、息子のニコニコ顔を見守っていた。

お使い

この年の秋だったろうか、私は兄ちゃんにお使いを頼んだ。「野添のももえちゃんちへ行ってお醤油を買って来て。」野添のももえちゃんの家はお父さんが満洲からシベリヤへ連れていかれたまではわかっていたが、そのあとは消息が不明で、奥さんは仕方なしに尾根を越える道の端で農村によくある何でも売っている雑貨屋を開いていた。この辺で一番近い店だ。兄ちゃんは嫌だと言った。どうしてと聞くと、野添の子がいじめるもんという。子供会が始まっていた頃で、私は何度もこの子たちを連れて行っている。しかし一人で行くのは兄ちゃんは怖かったらしい。私と兄ちゃんの問答を聞いていた黎が言った。「ボクが行って来てあげる。」「えっ、ホント?どうもありがとう。じゃ、兄ちゃん、ついて行ってあげて。」

こうなれば兄ちゃんはついて行かない訳にはいかない。実のところ、一升瓶をその頃流行っていた縄編みの手提げに入れて下げれば、黎では引きずってしまう。兄ちゃんは気が弱かったが、体が大きくて力持ちだった。

「兄ちゃん、重いから持ってあげて。」

二人で行くならと元気になった兄ちゃんは弟と連れだって出かけた。野添までは広い田圃の中の一本道を途中ドウメキと呼ばれている小さな堰のところで樋井川を渡る。ずっと見えているのだが、子どもの足には遠い。でも二人はちゃんと醤油五合の買い物をしてきてくれた。この店は駄菓子も売っていたから、その後は僅かながらお小遣いを持たせて、自分たちの買い物を楽しんでくるようになって、内職で忙しくなっていた私は大助かりだった。

お豆がこげん落ちとったよ

次の年、一九四九年の田植えが終わる頃だった。バス通りの向かいの田圃は裏の静子ちゃんの家の田圃だ。もう何日か前に田植えが終わっていた。二人がこの田圃の畔から何やら両手にいっぱい持って帰って来て叫んでいる。

「お母ちゃん、見て、見て。お豆がこげんいっぱい落ちとったとよ。」

なんと、彼等が拾って来たのは、太い根をぐいっと出しはじめ皮を脱いで頭をもたげた大豆だった。私は慌てた。どうしよう。静子ちゃんちのお母さんが、田植えの後、一反ばかりの田一枚のまわりの畔に、ちょっと穴を掘って大豆を投げ入れ、その後に籾殻を焼いた燻炭を一握りずつ、ぱっぱっと落として蒔いた、夏の盛りには枝豆になる豆である。根が出て頭をもたげたところをみんな拾ってきてしまってはもうどうしようもない。

「あのね、このお豆は、静子ちゃんちのお母さんが枝豆をならそうと思って蒔いた大事なお豆なの。ほら、根っこが出かかっているでしょう。拾ってきちゃうと、もう枝豆はできなくなっちゃうの。もう拾ってきちゃ駄目よ。」

さすがに兄ちゃんはしまったという顔をしていた。二人とも何も知らないでやったことだから叱る訳にもいかない。とにかく早く謝りに行って、蒔き直してもらわなくてはと私は出掛けて平謝りに謝った。

後に改めて、静子ちゃん姉妹のために千代紙セットを買ってお詫びに伺った。間もなく旧暦の七夕の頃で、鋼と同年の静子ちゃんとその妹があの色紙で七夕飾りを作るだろうなと、ちょっと楽しい気分だった。

あの人、いい人？　悪い人？

一九五〇年四月、鋼は長尾小学校の一年生になった。武は北九州だったし、黎は沼津に行っていて、我が家は母子二人きり。地方都市に住んでいると、いい映画、お芝居が回ってきて、共産党が切符の取次をするときには、無理してでも買って観ておかないと二度と観られない。鋼を連れていつも出かけた。映画館の暗がりで隣の席の鋼が聞いてくる。「お母ちゃん、あの人、いい人？悪い人？」

「きけ、わだつみの声」暗い画面。戦いの中で、軍の厳しい規律と、極限の人間関係。複雑な精神状態。親の私でさえよく理解できないで見ているのだから、よし判ったって一言で答えられる内容ではない。それを画面に人物が現れる度に聞かれる。彼は彼なりに理解しようと真剣に聞いてくるのだ。

イタリア映画の「無防備都市」でもそうだった。内容はイタリヤの戦時下の地下の反戦運動だった。とにかくこれもむつかしくて簡単に答えようもなく、私はいつも困らされた。

大きな筍

この年の筍のシーズンが終わった頃だ、ふと裏の竹林の山を見ると、山を下る斜めの小道をうちの鋼と近所の年長の友達伸太郎と同年の弟の信弘の三人が、三メートルほどに伸びた筍を抱えて降りてくる。

「どこで採って来たの。」

「あすこの山たい。この竹、すごく軟らかくて、どんな細工でも楽々できるんじゃ。」

伸太郎がリーダーらしく大威張りだ。片江の本村の八郎さん方の竹林で採って来たらしい。今年出た筍のうち、良いのを選んで親竹にするために残してあった筍だ。伸びたといってもまだ青い肌は見えていない。みずみずしい竹の皮に覆われた大きな筍だ。

「もう切って来ちゃったからしょうがないけど、この筍は八郎さん方が来年いい竹の子がたくさん出るようにと大事に残しておいたのよ。八郎さん方のおじさん、切ったら怒るよ。」

「そうかあ、知らなかったあ。」

伸太郎はのんびり答えた。私は溜息が出た。また謝りに行かなくてはならない。

私がそれ以上叱らなかったので、彼等は守谷さんの庭の隅でてんでに竹細工を始めた。ナイフや切出しで、器用に機関車とか手桶なんか作っていた。なるほどナイフでぐりぐりっと切り取ると車になったり、窓が開いたりしていた。

この時は、子供さんの文房具セットを持って謝りに行った。

新緑の山の斜面を子供が三人足並みを揃えて長い筍を抱えて降りてくる。絵になる風景だった。一方で私が小学校五年生の頃有名だった爆弾三勇士の恰好だとおかしかった。

長男入学

鋼が一年生になるといっても、私はお金がないから、新入生らしい服はとても買えない。渋い茶色の厚手の端切れを買って、胸当がついた長ズボンを、赤ちゃんの時の肌着の白ネルの襦袢を二枚ほどいてワイシャツを縫った。そもそもこの襦袢は私の末の弟のお下がりだった。鋼は色黒でぽっちゃり太っていて、頬っぺたが赤くて、何より何時もニコニコしていて、担任の尾崎先生にも可愛がってもらったし、特に女の子たちに人気があった。

ありがたいことに九州の田舎では、春から秋のあたたかい期間は裸足で登校するのが決まりだった。村の人たちもそうだから、私も裸足で平気で農協へお米を取りに行ったりした。下駄だって容易には手に入らなかったのだ。

長尾小学校の校庭から校舎への入口には、コンクリート製の細長い深さ二十センチばかりの足洗い場があって、子供たちは授業のはじまる鐘が鳴ると我先にとこの足洗い場に駆け込む。バシャバシャと二間ばかりの足洗い場を駆け抜けた先は渡り廊下が二つ位、その先は教室の前の廊下である。子供たちが教室に入った後の廊下は小さな足跡でびっしょりだった。

脱脂ミルク

入学して五月から学校給食が始まることになった。コッペパンに脱脂ミルクが一杯だという。一ヶ月の給食費がいくらだったか忘れたが、野添では現金で払うのはつらいという声があった。アメリカでは豚の飼料だという脱脂粉乳を日本の子供に飲ませるのかという腹立たしさもあって、説明会で「農家で現金で払うのがつらいと言っている家があります。お弁当も許可しては如何でしょうか」などと発言した。他に誰も発言する人はなかった。

私は、自分自身は助かったと思いながら反対の発言をする自分を、なんて浮いた発言をしていると思いながら、一言いわないでは済まない気分だった。

脱脂粉乳のミルクを飲まされた息子は毎日可哀そうだった。一年生だから給食を食べるとすぐ下校する。学校を出て樋井川の橋を渡るあたりまで来ると必ず下痢をしてしまうらしかった。水のような便がズボンの下まで流れ出てしまい、友達に臭い臭いとはやされて泣き泣き帰って来た。こんな日が何日も続いて、何とかしなくてはと思っているうちに、馴れたのか下痢しなくなった。それでも、もっと小さいコップにしてと彼は言った。小さいコップは脱脂ミルクを飲まされている間中、転校してもずっと使い続けていた。

雨傘

私は鋼が小学校へ入学しても、子供用の洋傘を買ってやれないでいた。福岡へ出て百貨店へ行けば買えるのかもしれなかったが、スカート一枚が一円五十銭という縫い賃で生活している私は、いったいどのくらいの値段で買えるのか、すべてがヤミのこの時代、どうすることもできないでいた。

雨が朝から降っていた。私は鋼に大きな番傘をさして行けと言った。言いながら一年生にこの傘は酷すぎると思った。鋼は断固として嫌だと言った。家にはこの番傘と女ものの蛇の目傘しかなかったのだ。武の洋傘は北九州へ持って行っていたのだろう。私が「うちにはこれしかないの」と言ったら、鋼は泣きそうな顔をして黙って雨の中を出て行ってしまった。今考えればなんて可哀想なことをしたのだと悔やまれる。私が番傘をさして息子を学校まで送って行ってやればよかったのだ。息子の後ろ姿を見て、洋傘を買ってやれなかった自分が情けなかった。肩肘張って貧乏に耐えていた私。馬鹿な母親だった。

この頃、私は用事で福岡の市内に出ると、六本松で市電を降りて、バスに乗らずに樋井川堤を歩いて帰った。四十分はかかる。しかしバス賃でリンゴをお土産に買えると思ったのだ。

帰って来たレイ

七月の末だったろうか、妹の万寿子が黎を送りがてら訪ねて来た。黎は見違えるほど手足が伸びて、色白の坊ちゃんになっていた。

この妹は、歯科医専を卒業して学校に残り、組合を作って賃上げストをした話をしたくてやって来たのだ。彼女は、私が武と婚約して急激に左傾していくのを察して、心配でたまらず、さりとて誰にも話せず、ずいぶん心配してたのよと、この時話してくれた。彼女は、姉の私が赤くなって、ひどい貧乏して、結核で入院してという生き方をしているのを生涯心配してくれていた、情の深い妹だった。私の方は全く腑甲斐のない姉だった。

黎が帰って来て間もなくだった。庭から納屋の家に駆けて来て、激しく転んだ。その時地面にわずかに出ていたとがった石に頭をぶつけたらしく、髪の毛の間から出血して押し当てたタオルが見る間に真っ赤に染まった。万寿子が言った。「レイちゃんは血が止まりにくい体質らしいの。早くお医者に行って。」私は黎の頭をタオルで押さえながらかなり重くなった黎を横抱えにして、片江の本村の真中辺にある医者の家まで走った。竹林の山の登り坂、お宮の前の暗い道、続く農家の土塀の間を走りぬけて、医者の玄関に駆け込んだ。

万寿子の話では、二人共千本松原の家にいたとき、取っ組み合いの喧嘩をして、腕力の強い兄ちゃんが黎の顔を殴ったらしく、黎が鼻血を出し、どうしても止まらなくて医者の往診を頼んだことがあったという。

何十年かして、母親の私が何かで血液検査をしたら、僅かではあるが血液が凝固するまでにかかる時間が標準より長い、ヘモグロビンの数が足りないなど、検査表を見ながら医師に説明された。そうか、黎は私のこのＤＮＡを受け継いだのかと思った。彼は血液型も私と同じＢ型である。

この頃になると、二人で留守番もしてくれるようになった。仔犬のようにじゃれ合って寄るとさわると狭い家で喧嘩をしている二人だったが、二人だけで留守番となると、すごく仲良くなるのだと守谷さんの奥さんが笑っていた。あの小麦粉の騒ぎからまだ二年しか経っていないのに、子供たちはどんどん成長していた。

上京・非公然活動

沼津へ帰る

一九五〇年も押しつまった頃、私は二人の息子を連れて沼津へ帰った。迎えに来てくれた武は、私たちを千本松原の家に送り届けるとたちまちいなくなった。

長男の鋼は明けて一九五一年の三学期から沼津第二小学校へ転校した。長女の私から弟や妹たち七人の母校である。

二月に入ると、武から私の職場が決まったから上京するようにと知らせがあった。三十代の男の一人暮らしより、妻と一緒に暮らしている方が自然で非公然活動には好ましいとのことで、私の仕事も非公然のようだった。

母にそのことを言って、すまないけどまた子供たちをお願いねと言うと、うちの孫だもの当然だと言うように、うなづいた。自分が進んで決めた婿だという気持ちもあったのだろう。武の活動については何も言わなかった。長女の私の危なっかしい生き方にはらはらし通しだったに違いない。でも、めんどりがひよこを抱え込むように、二人をエプロンの前に引き寄せて、「大丈夫だよ。行っておいで」と言った。

上京・非公然活動に入る

二月十一日が初出勤の日だった。私は墨田区横網町の弟や妹たちが共同で住んでいる家に当座の間厄介になることにしてこの日を迎えた。前夜からの大雪で、吹き溜りになった勝手口のガラス戸は、腰板を越える雪で動かない。表から廻って戸口を掘り出すやらひと騒ぎがあって家を出た。

都電はすべて止まっていた。建国記念日と名を変えたこの日、勤め先も休日だろうとは思った。しかもこの大雪である。しかし出勤を指定された日だ。もし上司が来ていたら申し訳ないと、雪の両国橋を渡った。雲ひとつなくはれあがった青空の下に、焼け残りのビルも、低い家並みも白一色に覆われて、その中を川幅一杯にゆったり流れる隅田川の青が美しかった。歩きにくい雪道を指定の住所の神田司町まで行ったが、やはり事務所は鍵がかかっていて、人の気配はなかった。

次の日出勤して初めて上司に会った。仕立てのいい背広をきちんと着た中年の紳士だった。一年二か月一緒に働いてわかったことは、十七歳の頃東京駅で切符を切っていたこと、その頃新劇に熱中して、築地小劇場の常連だったこと位で、古い党員のようだった。同僚の二人は、年かさの方は日通のレッドパージ、若い方も国鉄のレッドパージで、紹介された名前はもちろんペンネーム、ここで私もペンネームで呼ばれたのだが、その名を全く思い出せない。

仕事は、非公然で書籍販売をやっている全国の仲間への本の卸だった。ロシア語の書籍が多かったので、九大の講習会で習ったロシア語のアルファベットが少しは役に立った。題名ぐらいは読めたのである。

間もなくこの事務所が張られていることが判り、あっという間に浅草の三筋町に引っ越した。ここは私が厄介になっていた横網町から近いので、自転車で厩（うまや）橋を渡って通うことにした。沼津の町や樋井川では自転車を乗り回してはいたが、東京の大通り、それも中央を都電が通り、トラックやタクシーの多い道路は怖かった。しかしやってみれば出来るもので私は自転車通勤を始めた。これがまずいことになった。

一ヶ月も経たない頃、横綱の家に刑事が来て、妹の万寿子のことを聞いて行ったという。この家の住人でここに籍を置いている女は妹の万寿子だけで、彼女は歯科医専の研究室に残っていた頃、組合を作って賃上げ闘争にかかわったことがあったから、私を万寿子と混同したに違いない。私は事務所からつけられたのである。これ以上この家に迷惑はかけられない。武が世田谷区上馬に部屋を見つけてすぐ引っ越した。当然事務所も引っ越した。

部屋は偽名で借りる。偽名はとっさの質問にもすらすらと答えられなければたちまちばれてしまう。武は九大時代ずっと下宿していた家主の山田久五郎さんの名前を借り、私はその山田姓に尊敬する作家野上弥生子さんの弥生子をお借りした。この二階の六畳間に私たちはほぼ一年住んだ。

この家にはひどく尊大なメスの大猫がいた。彼女は庭に降りるとき、その縁先に寝そべっている犬の腹を踏み台にして悠々と降りて行く。時には犬の餌の丼に口を突っ込んだりする。そんなとき犬は「お嬢さま、どうぞ」という風に身を引く。ここの家主の奥さんの可愛がり方で、彼等の序列が出来ているようだった。私は猫好きだが、この大きくて不器量で尊大な猫は好きになれなかった。

何度目かに転居した事務所は、日本橋蠣殻町で、家主さんは元芸者さんだろうと思われるゆったりとした粋な人だった。この人は夏の間、花柄のメリンスの腰巻に袖なしのさらしの襦袢だけで過ごしていた。浴衣を洗濯して乾く間をそうしているのかと思ったりしたが、浴衣の替えがないような暮らしではない。江戸以来これが下町の女たちの消夏法なのかと思ったものだ。この事務所も秋になる前に引っ越した。

私は上馬の二階で冬に備えてオーバーを縫った。そのために五反田までミシンを借りに行った。いつか二人の小さい息子を沼津まで連れて行ってもらってたいそう迷惑をかけた妹の友人のお母さんの歯科医院である。ご近所でリヤカーを借りてもらって乗せて上馬まで曳いて来て、折り返しリヤカーを五反田まで返しに行く。

男物のこげ茶の杉綾の布地を日本橋の問屋で買い、小さいへちま襟のオーバーを仕上げて、またリヤカーを借りて曳いて来て、ミシンを乗せて返しに行った。ずいぶん遠かった。

往復で十四キロくらいだったろうか。

月に一度、月末の土曜日に、息子たちのいる沼津の家に帰った。今思えばこの年の終わりごろには結核を発病していたのだろう。土曜日の午後部屋に帰ると、ああ、明日の日曜日は一日寝ていたいなあとしきりに思った。背中をまっすぐに立てていられないほど疲れているのである。しかし何時も結局は沼津行きの最終列車に乗った。沼津駅を出ると、懐かしい海の匂いがする。まだ焼跡だらけで、低い家並みの沼津の街を吹きこして、海から風が吹いてくるのだろう。思わず大きく息を吸ったものだ。翌朝子供たちと海に行き、砂浜に腰を下ろして海に向かうと、背中の疲れが消えていくのを感じて、ああ、やっぱり来てよかったといつも思った。

その頃の事務所は本郷真砂町の、現在真砂図書館から一本春日寄りの道の奥だった。驚いたことに、大通りを挟んで向う側に入った奥に私たちと同業の事務所があるらしかった。ある日、その店が警察に踏み込まれているという。そ知らぬ顔をしている他はない。私たちも間もなく神保町の駿河台下寄りの路地の奥に引っ越した。

一九五二年に入って、一月の終わり近く、私は、九州各県の組織を廻って、集金がてら様子を見てくる仕事を上司に頼まれた。というのは私は九州を出て一年しか経っていない。各県の組織が渡辺武の女房が行くから泊まる手配をして欲しいと指令を出せば、必ず泊めて下さる家があるはずだったからだ。

福岡県の他は各県一日ずつという忙しい日程だったが、記憶に残っていることを書いておきたい。忘れがたい出会いだったからだ。

一泊目は小倉の山の裏手かと思われる一軒家だった。強い風に時々雪の交る夜道をどんどん山合いに連れて行かれた。山といってもほとんど木の生えていない枯草と岩ばかりのように思われた。行き着いたのはまだ建築途中の小さな二階家で、家具も畳もなかった。二階に上がると床板に薄べりが敷いてあって、風が吹く度に床板の隙間からの風に浮き上がる。電灯ばかりひどく明るかった。小さな電気コンロで、白菜の寄せ鍋のようなものをご馳走になった。その方がこの家の主人なのか、誰か他の人の家を一晩借りて下さったのか何もわからない。非公然活動では余計な事を知りたがってはいけないのだ。あまりの寒さにオーバーを着たまま寝たような気がする。布団があったのかどうか、次の朝どうしたかは何も覚えていない。

福岡では当然一年前まで御厄介になっていた樋井川の守谷さんに泊めていただいた。

次の大牟田では、三池炭鉱の労働運動で有名だった上甲米太郎さんのお宅に泊まった。上甲さんはレッドパージ後は、同じ仲間とグループを組んで街頭紙芝居屋をやっておられた。背の高い、インテリ風なのに、親分肌の方だった。私がこの年の後半に教育紙芝居研究会に移って、この上甲さんが稲庭さんが九州で最も頼りにしている人であることを知るのだが、この時は、私が樋井川の子供会で紙芝居をやっていたのを上甲さんがご存知という程度のお知り合いだった。しっかりした木組みの新しい二階家にお住まいで、小学校の一年生位かと思われるお嬢さんがいた。このお嬢さんが後の青年劇場の看板女優、上甲マチ子さんだと聞いている。

上甲さんについてはこの時から五十年近くたって、突然長男の伊利一さんからお便りをいただいた。亡父を紙芝居とのかかわりで知っていることがあったら教えてほしいとのことだった。そして一緒に上甲さんの出身地の愛媛新聞に連載された、波瀾万丈の上甲米太郎の一代記のコピーをいただいた。戦前の朝鮮でまだ二十歳代で小学校の校長として、朝鮮の子供や親たちから慕われていたが、赤狩りで逮捕投獄。出所後は就職もできず、やむなく樺太の炭鉱に坑夫として一家を挙げて移住。戦争が激化して男たちが出征した三池炭鉱の人出不足を補うために、強制的に三池に移されたとあった。そして敗戦。組合結成、五年もしないうちにレッドパージ、そして街頭紙芝居屋の親方。私はあの肝の坐った親分肌はこの経歴からのものだったかと、感慨無量だった。

熊本では熊本放送局のレッドパージ組だという若いご夫婦の部屋に泊まった。奥さんはアナウンサーをしておられたとか。三畳一間で、一間の押入れの上段がご夫婦のベッドらしかった。そこを私に提供して下さったのである。お二人はちゃぶ台や火鉢を片づけて下で寝たのだろうか。私は押入れの襖を閉めてぐっすり眠った。若いご夫婦の優しさが身に沁みた。

鹿児島で泊めていただくのは県委員長宅と聞いていた。ところが伺ってびっくり。県委員長さんは昨日の早朝、占領軍違反で逮捕されたと、新婚早々という感じの奥さんが言った。しかし彼女は毅然とした態度で言った。

「夫から聞いております。どうぞ。」

家は小さいが新築で木の香りも新しい。その玄関の間に、使い込んだ黒光りのする織機が置いてあった。聞けば奄美大島出身で、大島紬の織り子であるという。翌朝、小さなちゃぶ台で朝食を頂いた。一椀の味噌汁の他に、私の前にだけ小さな焼茄子が一個乗った小皿があった。私にだけ付けて下さった暮らし向きが察しられて、この冬に何故茄子があるのか不思議だったが聞けなかった。

背の高い若い奥さんが、背筋をしゃんと伸ばして箸を動かしている姿はきりりとしていて、手に職を持っている女の強さと誇りが見えて見事だった。今も一枚の絵として思い出す事が出来る。

鹿児島の書籍販売人たちが集まったのは、桜島が真正面に見える海岸の砂浜の真中に立っている四本柱の高床に屋根が載っているだけという、四方見通しの見張り小屋だった。七、八人の青年が集まってしゃべっていた。なるほど、これ程開放的なところなら誰も怪しまないだろう。錦江湾は晴れ渡って、打ち寄せる小さな波音が聞こえるだけだった。

「みなさん、朝ごはんは?」と聞くと誰も食べていない。コッペパンを人数分買ってきてもらって、食べてもらった。申し訳ないことに、何を話し合ったか何も覚えていない。

午後の日差しが小さな家の座敷に斜めに差し込んでいた。外は砂地だったから海岸近くの家だったのだろう。私はこの家で昼食を食べさせていただいたに違いない。中年の女主人とかなりくつろいだ気分でおしゃべりをしていた。向こうの台所に近所の女の子たちが来ていて、盛んに小母さんとやり合っている。彼女が言った。

「あなたには何を言ってるか分からないでしょう?」

「ええ、全然。」

「あの子たちはいつも遊びに来る常連さんで、今日は私があなたとお話ししていて相手になってやらないので、口惜しがって私をからかっているんです。そんなにお客さんとばっかり話をしていると、砂糖壺の黒砂糖をみんな舐めちゃうからって言ってるんです。」

私は驚いた。ただの一言も分からなかったのだ。九州七県のうち、鹿児島を除いては博多弁が分かれば大体通じるが、鹿児島は全く別だ。話には聞いていたが、これ程とは思わなかった。

これとまったく同じ経験を、翌朝六時発の宮崎方面行きの列車で経験した。車内は暗く湿っぽく、ひどく魚臭かった。乗客のほとんどが都城方面へ魚を売りに行くかつぎ屋のおばさんたちで、大きな荷物を通路に下ろして、てんでに大声でしゃべっている。私は韓国の釜山あたりの始発列車に乗っているのではないかと錯覚するほど、何もわからなかった。

私の向かいに痩せた大柄の百姓風の老人が座っていた。列車が山あいに入った頃、彼は乗り物酔いで気分が悪くなったらしく、窓から体を乗り出して盛んに吐いていた。吐いた物が列車にかからないようにと、腹まで乗り出していた。治まったようで座席に座ると、ひどく慌てた様子で話しかけてきた。よく判らないが、どうやら嘔吐と一緒に入れ歯を窓の外へ吐き出してしまったらしい。走る列車、この山の中、どうしてあげようもなかった。

入れ歯がなくては食事もできなかろう。新しく作るには大金がかかるだろう。貧しそうな服装の老人の不運に同情したけれど、東京弁では慰めようもなかった。

宮崎で初めて家庭らしいお宅に泊めていただいた。空襲の被害を受けなかった地域らしく、小さな門構えの植え込みのあるお宅が並んでいた。道の突き当たりは大きな川の堤らしかった。あの向こうは大淀川だろうか。

ご主人は小学校の教頭さんでレッドパージされたという小柄で穏やかな人で、さぞかし学校ではいい先生だったろうと思われた。暖かい茶の間だった。

大分で泊まったのは、いくつもの部屋の襖や障子をすべて外した大広間のようなところで、あちらこちらに数人が円座を組み、額を寄せ合って会議をしているらしかった。

布団を敷く隅もなく、壁にくっつけて敷いた布団にくるまって、壁を向いて寝ていた。私は三十八度を越える熱を出していて、疲れ果てていた。布団の横をがたがたと人が通る。頼る人もないここでこれ以上熱が高くなったらどうしよう。明日は何としても東京行きの列車に乗らなければと考えていた。

誰に会って、何を話し、集金ができたのかどうか全く覚えていない。任務がいくらかは果たせたのだろうか。何の役にも立たなかったのではなかろうか。レッドパージの嵐が吹き荒れた九州の同志たちが困難に耐えて必死に生きていた有様が幻灯の絵のように一枚一枚鮮明に思い出される。

自分で育てなさい

この旅から帰った後だったろうか。私は沼津の母から言われた。「私は七人の子供を育てたけど、あんたとこの黎のような子は初めてで、手に負えない。自分で育てなさい。」母は子供好きで、面倒見がよくて、やさしい人である。七人の子供をそれぞれまともに育て上げた。ところが黎は手のつけようがないというのである。

黎は天衣無縫、わが道を行くタイプ、無邪気でいい子だ。私が育てなければと思った。それにはまず非公然の活動から抜けて、表の職場に移らなければならない。上司にその旨を申し入れた。

こうして私は四月一日、神田神保町に新しくできた、共産党関係の書籍の全国取次店の神田書房の経理に移った。アメリカとの平和条約の発効も間近く、非公然の書籍販売の活動も終わるらしかった。

黎はこの四月、第二小学校に入学した。兄ちゃんは三年生だ。

一年生になった黎は、集団生活の枠は全く彼の思考の外で、授業中に後ろの子の席に両足を乗せて口笛を吹いていたとか、体操の時間に列の行進から外れ反対の方に歩いて行ってしまったとか、校庭の向こうの通りをチンドン屋が通ったら、窓に頬杖をついて、見えなくなるまで眺めていたとか、受け持ちの先生を困らせ、報告を受けた母を困らせていた。

後にベストセラーになった黒柳徹子さんのトットちゃんのような子だったと思われる。彼は無口でおとなしくいつもニコニコしていて、乱暴をしたり騒いだりしないいい子だ。ただ、まわりの事情に全く無頓着だっただけだ。しかし母が育てたのは成績のいい問題のない子ばかりだったので、完全にお手上げだったのである。今までいつも母に甘えて、何かと言うと預かってもらっていた私も、引取って自分で育てなければいけないと覚悟した。しかし部屋を借りて、二人を学校へ通わせるだけの収入がない。地下活動の武に余裕のあるはずもなく、何の手だても打てないままずるずると日が過ぎて行った。

血のメーデー

神田書房に移って一ヶ月、一九五二年四月二十八日に平和条約が発効してアメリカの占領下を脱して、発行禁止になっていた共産党の機関紙アカハタが、この五月一日に復刊した。私は同僚と二人でこの復刊第一号を、メーデー会場の代々木公園に売りに行った。狭い会場は大勢の参加者で通り抜けもできないような混雑ぶりだった。その中をすり抜けすり抜け、

「アカハタ復刊第一号！」

「アカハタ復刊第一号！」

とありったけの大声で叫んで売り歩いた。

復刊を祝ってくださる気分もあって、式典が終わるころには売りつくしていた。

参加者が三方からデモ行進に出発し始めると、出てゆく隊列からも、会場で出発を待つ隊列からも、

「皇居前広場へ！」「皇居前広場へ！」合言葉のような叫び声が上がった。前年から皇居前広場は使用が禁止されていたので、抗議の大合唱、デモ行進になったのだ。

公園の築山の上で前進座が激しく太鼓を打っていた。「いざ出陣！」「いざ、皇居前広場へ！」と私には聞こえた。人の心を揺さぶるような激しい響きだった。私は歴史的瞬間に立ち会っているという緊張感と高揚感を覚えた。が、一方で、皇居前へ行ってどうなるのだろうという不安の広がるのも感じた。

店へ帰るとみんな総立ちで騒いでいた。

「日比谷通りで車が焼けている。」

「アメリカさんの高級車をひっくり返して火をつけたらしい。」

「何台もだ。黒い煙がいくつも上がっていた。」

神田と日比谷はごく近い。次々に知らせが入ってくる。皇居前では待機していた警察隊と衝突して激しい乱闘になっているという。

続々と入ってくるデモ隊が乱闘に巻き込まれて、警察隊が発砲して死者まで出した、いわゆる血のメーデーである。

近代日本総合年表によれば、デモ隊六千人、警察隊五千人、二人が殺害され、千百三十

人検挙とあった。

稲庭桂子さん来店

血のメーデーの後間もなくだったろうか。紙芝居の稲庭桂子さんが来店して、社長と話し合っていた。稲庭さんは発行されたばかりの平和紙芝居「平和のちかい」を全国の活動家の手に渡るよう、神田書房で扱ってほしいという話だった。「平和のちかい」は、その二年前に岩波から出て大ベストセラーになった、原爆遺児たちの作文を長田新先生が編集された「原爆の子」を原作とした紙芝居で、絵は後に日本を代表する彫刻家になる若き日の佐藤忠良さん。私はその紙芝居に目を通してこれは必ず現場で役に立つと思い、社長にそのことを進言した。原爆の実情を知らない人が日本中にいるはずだ。これからの平和運動は原爆反対からだと直感的に思ったのだ。子供会の経験から、これなら大人にも子供にも原爆の悲惨さを訴えることができる。社長もその気になって二百部を引き受けた。

ところが分裂騒ぎで弱体化した共産党の下部組織は、使いこなす力がなかったのか、帰ってきた代金はわずかに二部分だけ。稲庭さんにはひどい迷惑をかけたが、ずっと後になって、学校で使った、子供会で使ったという人たちに何人か会い、全く無駄ではなかった、どこかで役に立っていたと思ったものだ。

稲庭さんは私が神田書房にいるのに驚いて声をかけてきた。

「まあ、渡辺さん、こんな所にいたの。うちにいらっしゃいよ」と言い、帰りがけにもう一度囁いた。

「あなたはうちへ来るべきよ。ここよりは少しは余分にお給料を出せると思うわ。」

この時の私には願ったり叶ったりのお誘いだった。私は非公然の活動から表へ出てここで経理という職を得たものの、そろばんは全くできず、暗算も駄目、計算は遅いという不適格者だった。日を追って神田書房の扱い高は多くなり、この頃はお手上げ状態で、何とかしなくてはと考えている時だったのである。

紙芝居なら子供会で何百回もやったことがある。紙芝居の何たるかも知らないで、経験だけを武器に、私の紙芝居人生が始まることになる。

教育紙芝居研究会時代

家を買ってもらう

ちょうどこの頃、全くの偶然だったのだが、武の蛇松の実家で、武に家を買ってやれという話が持ち上がっていた。武の姉さんの夫になっている哲夫叔父から、適当な物件を探しておくようにという電話があった。

長兄の好郎さんが社長をしている屑鉄問屋丸和商店は、朝鮮戦争の金ヘン景気で扱い量は東海一にのし上がり、好郎さんは沼津一の多額納税者になり、三人目のお妾さんにまで家を建ててやったりしていたらしい。輝雄兄さんや、静江姉さん（哲夫叔父の妻）が腹を立てて、そんなにお金があるなら、武に家を買ってやれと談じ込んだという。

ずっと後になって聞いたのだが、この時、武のお母さんは、「好郎が何をしようが、それは好郎の甲斐性でやっていることで、それで武に家を買ってやれと言うのは筋が違う。私は武が大学の先生になると思い、泰子さんはふさわしい嫁だと思ってきてもらったのに、武は共産党になってあんな苦労をかけている。済まないと思っている。お金は私が出すから家は泰子さんに買ってやりなさい」とおっしゃったのだそうだ。

私は叔父からの電話を早速武に知らせて、家探しを頼んだ。その時私は条件を一つつけた。二部屋くらいを間貸しできるような家がいい。そうすれば、私の給料とで子供二人を養って行けるからと。

やがて武が探したのが、私がその後三十七年住んだ、文京区千石の家、当時の住所でいえば、小石川林町八十四番地、袋小路の奥の古い二階家である。十八坪の敷地にぎりぎり一杯に建っている汚い家だった。しかし間取りに魅力があった。二階が六畳に三畳、下が台所の隣の六畳と三畳二間。不思議なことに二階の二間と玄関脇の三畳に何故かガス栓が付いている。間貸しには絶好の条件だった。

七月二十六日、千代田区富士見町の司法書士の事務所に私たちは集まった。売主に代金を払い、登記を済ませるためである。沼津からお金を持って上京した哲夫叔父は、私たちには一切お金に手を触れさせずに、支払いを済ませた。金四拾五万円。そのうち五万円は不動産屋への礼金と登記料である。家はお母さんの意向で私の名義で登記された。

武に決してお金を渡してはならぬというのはお母さんの厳命だったらしい。武に渡すとすべて共産党へ入れ上げてしまうと思っておられたようだ。お母さんは可愛い末息子の武が、大学教授を捨てて共産党の活動をしているのを、家屋敷すべてを捧げて入信する天理教のようなものだと考えておられたように思う。沼津では我入道出身の小説家、芹沢光治良さんのお父さんが、全財産を天理教に入れてしまって、家族が貧乏のどん底の生活をしていたのが、三十年来の語り草になっていたのだ。

私が母から子供たちを自分で育てなさいと言われていたことは、武の実家では誰も知らなかったと思う。偶然に時期が重なったのだ。

私の手ではどうにもならなかったことが、一挙に解決してしまった。こんな幸運に甘えてもいいのかしらという後ろめたい気持ちもあったが、蛇松のお兄さんやお母さんにひたすら有難うございますと頭を下げて、夏休みの終わりに子供たちを林町の家に連れて帰った。二人は二学期から文京区立林町小学校に転校した。

武のお母さんのこと

夫の母だから、姑と書くべきだが、私はこのお母さんに姑という思いをしたことがなかった。お母さんは八十二歳で亡くなるまで、泰子さんとさん付けで呼んで下さっていた。

普通の女の人とはスケールが違うと娘時代から思っていたこのお母さんのことを書いておきたい。

父の弟の哲夫叔父が、武の姉の静江さんに婿入りした昭和九年以来、渡辺家と親戚づきあいが始まった。間もなく父の母のお萩ばあさん、一年置いて父の父の辰太郎おじいさんが死んで、わが家はしばしば法事が行なわれた。その度にお母さんは渡辺家を代表して来られた。背が低く、痩せて小さいお母さんは、居並ぶ男客の半分もなく、座布団に沈み込むように座っていた。しかし、その男客たちと堂々と話をしていて、お茶を運んでいた私は、これが女手一つで丸和をここまで大きくして身に付いた自信と貫禄だろうか、偉い人だと思ったものだ。武と結婚して、お母さんの厳しかった一生を知るにつけて、その感を深くしていた。

お母さんの名は「ふじ」。家が貧しくて九歳で子守奉公に出されたから、学校に通っていなくて、字は平仮名がやっとらしかった。それ以来住み込み奉公から女工勤めと働きづめで、二十歳で近所の油屋に住み込みで働いていた青年、渡辺治郎さんと結婚。二人は資金がわずかでも開業できる屑の仕切り屋を始める。紙屑、ぼろ、古新聞、雑誌、樽、瓶、鉄屑、町の屑屋や貧しい紙屑拾いが持ち込むものも買い、それぞれにさばく。ふじさんは記憶力抜群、才覚も優れていたから店は順調に大きくなっていたようだ。

武はお母さんの五男二女の末っ子。武が生まれた大正四年の夏、夫の治郎さんがチフスに罹り、働き盛りで亡くなってしまう。お母さんは三十四歳、長兄の芳郎さんは十四歳だったそうだ。この頃には住み込みの若い衆もいて、今まで夫婦二人でやってきた稼業がお母さん一人の肩にかかって来た。とても生後四か月の赤ん坊がいてはやっていけない。お母さんは決心して武を香貫のキノさんという馬方さんの家へ里子に出した。

武はキノさんの家で四歳まで育てられたという。おしゃべりの嫌いな武から、知りたがり屋の私があれこれ聞き出したところによると、キノさんの家にも武と同じ頃に生まれた子がいて、おかみさんの乳がよく出たからだったようだ。武は幼心に、おかみさんが自分の子の方が可愛くてわけ隔てをするのを感じていたという。

四歳になって自分の家に帰っても、たくさんいる兄姉にも母親にも当分は馴染めなかったといっていた。すぐ上の輝雄兄さんとは二歳違い、学年は一年違い、顔つきも背格好もよく似ていて、その上冗談ばかり言って笑わせるのもそっくりだった。しかし、輝雄さんが底抜けに明るいのに較べて、武は内向的で傷つきやすい半面を持っていた。幼児期の育ち方の違いのせいだったろうか。もっともその陰りが若い私には魅力で、一生気を使うことになったのだが。

キノさんのことでは面白い話がある。次兄（治二）の三回忌の食事の後だったろうか。武が青年時代海水浴に連れて来た姪たち、長兄の長女、次女、次兄の長女たちに、武が生まれて四ヶ月でお父さんが死んで、馬方のキノさんの家に里子に出された話をすると、彼女たちは口々に叫んだ。

「それでわかった。小さいとき、お父さんとお風呂に入ると、いつも洗ってくれる時言ったんだよ。キーノサンウマアライ、ゴシゴシって。」

「そうなの。キノさんは仕事が済むと夕方狩野川へ馬を連れて行って、藁のたわしで洗ってやっていたんだって。武も小さい時、兄ちゃんにそう言って洗ってもらったんだって。」

キノさんは馬を一頭飼っていて、その馬に大きな馬車を曳かせて、荷を運ぶのが商売だったそうだ。そのころすでに商業学校に通っていた長兄と次兄は、武や輝雄さんを風呂で洗ってやる時、キノさんの馬洗いを真似して言っていて、やがて自分の子ができると、同じ掛け声で体を洗ってやったのだ。洗われた方は何のことかわからずにやがて忘れてしまって、今、五十年も経ってわかったと大はしゃぎだった。

なんで私がこんなことを知っていたかというと、その治二兄さんが亡くなってお葬式の後、この姪の一人が言った。

「叔父ちゃんが死んで、もう残っているのは武じいちゃんだけになってしまった。武じいちゃんに、昔話を聞く会をしよう。」

私はこの年の始め頃から、物忘れがひどくなっている武に、この「武じいちゃんに昔話を聞く会」のために、子どもの頃のことを思い出させようと、沼津の市役所に電話をかけて、沼津の古い地図を手に入れようとしたが、武の幼年時代、関東大震災より以前のものは手に入らなかった。私の知っている永代橋を渡って向こう側の町並みは、昭和八年女学校入学以後、女学校からの帰りに通った頃のものだ。それでも、その記憶を頼りに、武を質問攻めにして、生まれ育った家のまわりの地図を描かせようと試みたが、なかなかまとまらなかった。そして間もなく七月、事故で入院、記憶を喪ってリハビリで頑張ったが、思い出すことなく一年二ヶ月の入院のまま翌年の十月、逝ってしまった。しかし私は「武じいちゃんに昔話を聞く会」の提案のおかげで、武からいろいろな話を断片的に聞くことができた。大人同士のお喋りは嫌ったが、可愛い姪たちのためなら、ニコニコの笑顔で、一生懸命思い出して喋ってくれた。キノさんの話の詳しい部分は、この時の収穫だったのである。

長兄の好郎さんが商業学校を出て、本格的に商売に乗り出すと、大胆で気っ風のいい彼は、ぐんぐん業績を伸ばした。武が小学校入学の時は、兄の輝雄さん、その上の富男さんと三人、お揃いのサージに金ボタンの学童服を誂えて、袴姿の二人の女学生の姉さんと記念写真が残っている。当時彼等の通っていた小学校は、楊《やなぎ》原村立楊原小学校で、大部分が農家の子供たち、一部が我入道の漁師町の子供で、洋服を着ている者は一人もいない学校だったという。そういう所で派手なことをするのは若い好郎兄さんのやりそうなことで、万事手堅いお母さんがなさる筈はなかった。

武が商業学校五年生の秋、狭くて地の利の悪い市場《いちば》町ではこれ以上の発展は望めないと、蛇松線の終点に近い線路沿いの地に、本宅と倉庫群を建てた。倉庫から直接貨車に積み下ろしができるからである。

ちょうど同じ頃、わが家でもそれまで借りて住んでいた岡本別邸から五分ばかり狩野川の河口寄りの松林の中に家を新築して引っ越した。収入に不相応な大きな家が建てられたのは、父が製材会社の重役だったからだと思う。

この家の東側の縁側に立つと、松の木の間から田圃越しに見える蛇松の松林の前に、大きな家が建ち上がっていくのが眺められた。私は幼い頃住んだ蛇松なので、誰だろう、あんな大きな家を建てているのはと、毎日眺めていた。

ところが二年後、その家の二女の静江さんに哲夫叔父が婿入りして、我が家と渡辺家は親戚になった。

私が武と結婚して四年目、私たち夫婦が輝雄兄さんの結婚式に帰った時のことだと思う。陽のよく当たる居間の縁側に、お母さんが座布団を出して座っていた。私たちはその後に立って一緒に庭を眺めていた。するとお母さんは私たちを見上げて言った。

「おまっちゃあ（お前たちは）、共産党になったちゅうが、天皇さんはどうでもいいがな、ご先祖さんのことを忘れてもらっちゃあ困るぜ。」

戦争が終わってまだ一年半のこの時期に「天皇さんはどうでもいいがな」と言う人。すごいと思った。貧乏のどん底から叩き上げて来た人の鋭いカンなのだろうか。

このお母さんから私は家を買ってもらったのである。それから十七年後の一九六四年にお母さんは亡くなった。この間に、お母さんの人生にはもう一波瀾も二波瀾もあった。

朝鮮戦争の金ヘン景気で、沼津一の多額納税者になったり、倉庫から火が出て倉庫と母屋の二階部分を焼失したり、好郎社長が破天荒な事業に手を出して倒産、土地、家屋敷すべて抵当に入るという憂き目を見る。

お母さんは何も言わず、長男の好郎さんのやり方を見守っておられたが、老年に入ったお母さんはどんな気持で過ごしておられただろうか。

亡くなってずいぶん経ってからだ。静江姉さんに何かの話のついでに、「私は武が共産党の活動をすることは婚約の時から承知していて一緒になったの」と言ったら、彼女は急に涙声になって言った。「どうしてそれを早く言ってくれなかったの。おばあちゃんは死ぬまでずっと、泰子さんにすまない、すまないって言い暮らしていたのよ。」

そうだったのか。申し訳ないことをしてしまった。戦後もずっと危ない政治情勢で話せる状況ではなくて、しかも唯物史観の講義で説得されましたなんて話は説明するのも大変だし、私としては惚気話をするみたいで、だれにも話せないで来たのだ。でも、そんなに思っていて下さったとは。私は申し訳なさで一杯だった。

黒く煤けた家

買ってもらった林町の家に、七月三十一日に入居した。同じ日に二階の六畳間の間借り人、画家の伊藤和子さんも入った。新しい勤め先の上司、稲庭桂子さんに頼まれた人だ。私はその一週間前から、芝の文工会館の一階の教育紙芝居研究会に勤め始めていた。遠いけれど、都電は駕籠町から乗り換え無しで行けて便利だった。

間借り人の募集は教育大学の学生課に申し込んでおいた。歩いて七分と近いし、実を言えばわが家のように汚い家は、三畳一部屋千五百円と安いことが、入試はむつかしいけれど、国立で授業料が安く、生活を切り詰めて暮さなければならない学生さんの多い教育大向きで、入居すれば卒業までいて下さいる方がほとんどで助かった。自炊ができるように、廊下の一角に水道の蛇口のついた流し台を設置した。

子供たちは夏休み一杯、千本松原の家で過ごし、月末に私が迎えに行って連れ帰り、二学期から家から歩いて三分という、すぐ近所の区立林町小学校に通うようになった。

九月の日曜日だった。珍しく父が私の新居を見にやって来た。父は材木屋である。玄関を入って家を見回して言った。

「この家は黒く煤けて汚いが、いい木を使っている。つくりも丁寧だ。柱はみんな檜だし、小さな家なのに、六畳間には長押《なげし》がついている。灰汁洗いして磨けばいい家になる。でも横着者の泰子では駄目だな。」

耳の痛いようなことを言って帰って行った。この家に入った時、あまり黒く煤けているので、もしかして関東大震災の焼け残りかと思ったが、ご近所の話では昭和五年の建築だという。この一角は日本橋の木綿問屋さんが番頭さんや小僧さんのための社宅として建てたのだそうだ。道理で同じ作りの家が並んでいるし、各家の間に塀がない。元は一角全部を囲む塀があって、一つの門から出入りしていたのだそうだ。今ある塀は、その後買った人がそれぞれつけたものだという。我が家の三畳間にまでガス栓がついているのは、小僧さんたちの住まいだったのだろう。

何度かの空襲で東京はほとんど焼けてしまったのに、この辺り一角だけが焼け残り、焼け出された家族が大勢住んで、ガスの供給は止まり、木炭も容易には手に入らないで、それぞれの部屋で木を燃やして炊事していたので、こんなに黒く煤けてしまったのだそうだ。近所の口の悪いおばあさんが言った。

「この家はね、代々貧乏人が住んで、誰も修繕をしなかったから、こんなに傷んでいるのだよ。」

何ということだ。それを買った私たちはそれ以上の貧乏人だ。

私は階下の台所の隣の六畳の他はすべて貸した。おかげさまで教育大の学生さんは切れ目なく住んで下さって、今もお付き合いの続いている人もいる。

情けない思い出、クリスマス

私は暢気で大雑把な性格で、息子たちもそのように育てた。勤めた教育紙芝居研究会での紙芝居の編集の仕事は面白かったし、意義も感じていたので精一杯頑張っていた。だから子育ての方は、親としての責任のギリギリのところまでで、息子たちは成長してからは面白い母親だと思ってくれたかもしれないが、可愛いがられたという思い出はないだろう。

しかし、どんなに疲れた時でも、つらい時でも、感情に流されてヒステリックに叱ったりすることはなかった。ところがそれをやってしまった、我ながら情けない思い出がある。林町の家に移った年のクリスマスの晩だった。勤めの帰り道に、ふと家具屋の店先で見つけた引出が三つついた手文庫を子供たちのために一つずつ買った。それにケーキを三個だけ買って家に帰った。息子たちはまだ一年生と三年生だ。もっとクリスマスプレゼントらしいものを買ってやりたかったけれど、そんな余裕はなかった。

その日の夕食はどんなにしたか何も覚えていない。夕食後、ケーキを乗せたお皿を並べ、熱い紅茶を淹れて、たっぷりお砂糖を入れた。誠にささやかなクリスマスである。この時、鋼が何かの拍子に紅茶茶碗をひっくり返してしまった。慌てて雑巾で拭きながら、突然涙がふき出した。私は涙をこぼしながら鋼を叱った。

「あんたはいつもこんな時に限って。」

理不尽な言いがかりである。鋼は母親が泣きながら怒っているのに驚いて、おびえたような眼で私を見ていた。

涙をこぼして叱るようなことではない。しかし私は、三人でケーキを食べ、熱い紅茶を飲んで、「おいしいね」とにっこりする癒しのひと時を求めていた。それが突然壊れて、自分の悲しみを制御できなかったのだ。我ながら情ない思い出で忘れられない。

押入れの前で眠っていた

この頃、わが家は寒くなっても暖房なしだった。火鉢の炭は私が帰ってから入れた。だから、子供たちは私の帰りが遅くなると、押入れの下段に入れてある敷布団を引っ張り出して、押入れの布団に二人並んで背をもたせ、膝を立てて、くるりと敷布団を胸までかけて、空腹のまま眠っていた。子ネズミが二匹といった風情で、いじらしく可哀想で、申し訳なさで一杯だった。それから夕食の支度をしたのである。

紙芝居の絵の仕上がりをいただきに伺って、延々と待たされるのである。ここまで待ったのだからと、待っている子供たちが気がかりで仕方がないのをぐっとこらえて待っていた。安い画料で無理に描いていただいているという弱味があって、どのくらいお待ちしたら頂けますでしょうかと尋ねるのもはばかられる、新米の編集者だった。

歴史紙芝居にかかわる

一九五二年の秋、私が教育紙芝居研究会に入って三ヶ月ばかりした頃、日教組から大きな企画が持ち込まれた。日教組は稲庭さんと組んで「原爆の子」の紙芝居「平和のちかい」を制作して全国の教師たちに平和運動の役に立つ紙芝居を与えた経験がある。歴史教育も紙芝居で行こうという構想だった。

占領軍は日本の戦争を思想的に支えてきた皇国史観の歴史教育を徹底的に抹殺するために地理、歴史を統合した社会科とした。教師たちは戸惑いながらも地域に根差した教育実践を生み出しつつあった。占領が終わると、文部省は教科の見直しと称して、地理と歴史に分けようとする動きが見えてきた。今のまま歴史教育が復活すれば、皇国史観の亡霊が再びさまよい出る恐れありと、日教組と歴教協（歴史教育者協議会）が提携して、現場の先生方が使い易い歴史紙芝居を作って先手を打とうということになったようだった。私は末端にいてそう感じた。戦後進んだ民主的改革がどんどん壊され、警察予備隊が保安隊になり、一年半後には自衛隊になるのだが、どんどん世の中が右寄りになって行った。

歴教協が、現場の教師に紙芝居と考えたのは、委員長の高橋磌一先生の紙芝居好きの影響が多い。ご自分で脚本も書くし、実演もお上手だった。下町人間と称して、寄席や大道芸、街頭紙芝居も大好きだと言っておられた。

間もなく三者共同の編集会議が毎週開かれるようになり、私も新米ながら編集者として末席に連なった。参加の歴史学者の顔ぶれの豪華だったこと。当代の気鋭の、新しい著作でときめいていた方々で、高橋磌一先生をはじめに、松島栄一、松本新八郎、藤間生大、林基、石母田正。この時はまだ大学院生だった永原慶二、杉山博さんは、後に東大教授として歴史学者のトップになられた。

そこへ街頭紙芝居の論客の加太こうじさん、松井光義さんたちが加わって、研究会の賑やかで楽しかったこと。私は一応唯物史観がわかっていたので、受けて立つ紙芝居側の編集者としてはいくらかお役に立ったと思う。

さしあたって太古から明治維新までを十二巻にまとめる。それぞれに指導の歴史学者がつき、脚本は紙芝居のベテランの作家や、教室で紙芝居を使っている教育紙芝居研究会の現場の先生方が担当する。その間の調整に走り回るのが私の役目だった。

第一巻は「大昔の人々」。指導は考古学者の和島誠一先生。絵は久米宏一さんだった。当時の和島先生の研究室は新宿百人町の資源科学研究所の中にあり、学校の教室位の部屋の半分は木の棚にぎっしり発掘した泥のついた石器や土器が破片も一緒に木箱に入って並んでいた。

この建物は、元陸軍の馬小屋だったそうで、天井はなく、各部屋は板仕切り一枚で、屋根の裏も棟木も丸見え、だから屋根裏は建物の端から端まで風の通り道で、冬の寒いことと言ったらなかった。暖かいものと言ったら、直径十センチ許りの電熱器が一個きり。暖の取りようもない部屋だった。

私は一九五三年の二月から八月までこの部屋に通った。シナリオの構成から始まって、細かい表現に至るまで正確を要求される。絵ができれば見ていただいて間違いを指摘され、その度に私は小岩の久米さんのお宅と新宿を行ったり来たり。

先生は絵に入る前に久米さんを、井の頭文化園に復元されている竪穴住居の見学に誘った。二月十一日の休日だったので、私は息子二人を連れて参加した。

ところがこの日は前夜の大雪で、井の頭公園は三十センチの積雪だった。長靴を雪に取られながら歩きまわった。

一枚だけの挿絵なら写真の資料でも描けるけれど、紙芝居ではその住居の中で家族が真中の囲炉裏で火を焚き、土器で米を炊き、食べなくてはならない。本物を見なくては何場面にもなる竪穴住居の暮らしを間違いなく描くのはむつかしいだろうと見学会になったのだ。

現場の先生方のための解説の原稿をいただきに伺う頃は、もう夏に入って、天井のない先生の研究室の暑いことといったら。私も貧乏だったけれど、和島先生のこの研究室の暮らしを見ていると、もっと貧乏のように見えた。私はお土産にアイスクリームを買って行ったり、桃を差し入れたりした。

先生は無口で雑談はなさらない方だったが、長い期間のおつき合いの中で、先生が、私が娘時代に読んだ日本歴史教程の著者のお一人の最後の章、考古学で日本の古代史を跡づけられた三沢章であることを知った。あの本では逮捕とか投獄とか嫌な思い出がおありなのか、多くを語ろうとはなさらなかった。

久米さんの絵が新橋の大橋製版所に入ったのは八月に入ってからだった。当時紙芝居は製版代の安い描き版で絵を刷っていた。人間の目で絵を六色に分解して版を描くのである。紙芝居は絵本のように近くで見ることはなくて、大勢の子どもが少し離れたところから見るものだったから、線は太く、色も六色を重ねて出る迫力は捨てがたい魅力があった。私がそのことを説明すると、先生はその製版所へ行ってみたいとおっしゃる。私もいつも玄関で絵を渡し、裏原稿を渡すだけで職人さんが描いているのを見たことはなかった。私は八月の暑い日の午後、先生を新橋に案内した。

その帰りに、新橋の駅の高架ホームに立っていて、私は激しく咳きこんだ。その頃私はずっとひどい咳に悩まされていたのだ。

「渡辺さん、早く医者に診てもらった方がいいですよ。」

先生にそういわれて、やはり医者に行かなくてはだめかと観念した。教育紙芝居研究会は健康保険に加入していなかったのだ。

第二巻の「やまとたける」の絵を練馬の野々口さんのお宅にもらいに行き、これは神保町の神田製版所に入れて、私は遅い夏休みをとった。沼津に夏休み中遊びに行っている子供たちを迎えがてらの三日くらいの休暇だったと思う。私は疲れ果てていた。

結核・入院

その頃父は狭心症で療養中だった。帰った私の顔を見るなり父が言った。「明日病院へ行くことになっているから、一緒に行こう。」父の主治医は白錦町の杉山さんで、定期的に通っているらしく、タクシーで行くから一緒に乗って行けと半ば強制的だった。私は生まれた家に帰って気がゆるんで、唯黙って頷いた。

杉山先生は、撮影した私のレントゲン写真を見るなり言った。

「困りましたね。最低一年は入院です。」

えっ、そんな。どうしよう。私はうろたえた。一年も入院。考えてもみなかったことだった。楽天的で暢気が取り柄の私が、さすがにこの時は、もしかしたら死ぬかもしれない、当時結核は死病だったのだ。

私はこのところずっと咳をしていた。それも激しい咳だ。それなのに私は結核を疑ったことは一度もなかった。結核の咳がこんなにひどい百日咳のような咳である筈がない。こんこんと軽い咳だと信じ込んでいた。それに私のような頑丈な女がかかる筈がない。不如帰の浪子さんのような麗人のかかる病気だと冗談を言っていた。考えてみれば私は沼津の千本松原、福岡の樋井川のような空気のいいところに住んで、一度もツベルクリンも、BCGもやったことがないままで上京したのだ。

後になってこの時代に結核をやったという人達と話をしてみると、丈夫が取り柄で、頑張ってきた人ほどやられている。わが家でも私の少し前に、頑健を誇り軍隊時代は手榴弾投げでは連隊一だったというすぐ下の弟の達也が自宅療養に入っていた。ほとんど同時期だったから、忙しく暮らしていた私の耳には届いていなかったのだ。

とにかく一日も早く入院先を探さなくてはならない。それより何より、子供たちに伝染させてはならない。私は子供たちを置いたまま帰京し、一緒に来てくれた妹の和子が二人の子供の転校や転籍の手続きをみんなしてくれた。

入院先を探すべく、まず水道橋の結核予防会の病院に行った。診断は杉山先生と同じで、入院して薬物療法を試み、病巣が空洞になって残れば成形手術をすることになったのだが、結核患者が増え過ぎて、どこの国立、公立の病院も満床、患者を委託している私立の病院もベッドの空くのを待っている状態とかで、私は自宅で安静にして待つ他はなかった。

たまたま二階の三畳の間借人が引っ越したので、消毒液を入れた蓋付の痰壺を枕元に、寝て待つことにした。先の見通しは全く立たない。暗澹たる思いだった。頭に浮かぶ絵があった。吹きさらしの冬枯れの荒野のこちら側に私は洗いざらしの浴衣の寝巻を着て立っている。袖や裾が風に吹かれていた。野中の一本道の行先は見えない。向こうは暗い雲が低く垂れている。そんな自分の姿が見えるのだ。暢気・楽天家を自称していた私も、この入院待ちの約一ヶ月は、暗澹たる日々だった。

この九月、武は任務が変わったと言って表に出てきた。武は何も言わなかったが、入院した私の面倒を見るための党の配慮だったと思う。衆議院の共産党事務局長だという。議員は当時川上貫一さん一人だった。

九月の終わり近く、私の入院先が決まった。目蒲線の目黒から三つ目の駅、西小山の駅前の康済病院で、木造平屋建て、天井の低い古くて暗い病院だった。院長は自民党の中央区の辺りから出ている都議会議員のお医者さんだと聞いたが、入院中一度も見たことはなかった。私が入ったのは、女ばかりの十人部屋で、真ん中の通路の両側に、木枠のついた木の台に畳一枚入れただけのベッドが、頭を両方の壁につけて五つずつ並んでいた。通路の向こうはガラスの引戸で、小さな中庭に面したここから外光が入るだけだったから、電灯は昼間もついたままで、入口から二つ目、右側の私のベッドの辺りはいつも暗かった。

私の奥の隣は、社会党の古い党員で名前だけは知っていた三宅正一の娘さんだという紳士服の仕立て専門店の奥さんだった。クラシックが好きだそうで、大きな電蓄をベッドの横に置いていて、私は時々彼女のご相伴でカルメン序曲とか、ボレロを聞かせてもらった。

私の足元の向かいのベッドには、私が娘時代二枚目俳優だったことを覚えている藤井貢の奥さんが入院していた。ご主人も少し奥の男部屋に入院しておられた。十人もいると、問わず語りに聞く生い立ちは十人十色。三月十日の大空襲で生き残ったのは彼女と妹だけ。深川の高橋の橋の上でどっちも火の海で抱き合って立ちすくんでいたら、橋の下を通る船から「飛び降りろ」と声をかけられ、二人で死ぬ思いで船の上に飛び降りて助かったと言う娘さん。日本橋の有名なうなぎ屋の仲居をしていたという伝法な口をきくお姐さんは、忙しく料理を運んでいて洗面器に一杯の大喀血をしたと話していた。威勢のいい話ぶりの端々に、もう助からないという思いが感じられて辛かった。

武は、土曜日の夕方必ず寄って、洗濯物を持ち帰ってくれた。汚れた下着を渡すのは辛かったけれど、そうする他どうしようもなかった。食欲がまるでなくて、寝ながら何が食べたいか考えた。すると頭に浮かんできたのが青々と茹でたさや豌豆だった。武にそう言うと茹でて持って来てくれた。さやの柄も筋もついたまま茹でて、弁当箱に入れて来てくれた。もう一度は、戦前、父が好んで食べていたイクラ。油っぽくて嫌いな筈なのに何故か、あれが食べてみたいと思った。武に言ったら、デパートで買ったのだろう。ほんの少し持って来てくれた。これはほんの一粒か二粒、舌の上でつぶしただけで食べられなかった。

治療はストレプトマイシンの注射と、ヒドラジッドの服用。両方とも戦後日本に入ってきて、つい先頃保険がきくようになったらしく、私はラッキーだった。それでなくては高価で私が使える筈がなかった。

ストレプトマイシンは、八本をどのくらいの間隔だったか忘れたが腕に注射された。お尻に打つのだと聞かされていたが腕で助かった。十人部屋でお尻を出すのはかなわない。それを二回繰り返して、計十六本を打ち終わる頃には私は見違えるほど元気になっていた。よく効いたのである。レントゲン写真を撮ったら、右上葉全体が白かったのに、すっきりと陰り一つない。私はこれで手術を免れたと思った。ところが何と、病院はそんなことにはお構いなく、貴方の手術日は十一月十六日であると通告された。

この病院の入院患者はみんな成形手術待ちで、清瀬から成形手術の大家の先生が毎週木曜日の午後来て、二人の患者の肋骨を七本切り取って、病巣を肺ごと潰す。それで経営が成り立っているようだった。木曜日の夕方手術室の前を通ると、アルミの小さな盆のガーゼの上に、やや血のついた案外細くて小さい肋骨が七本置いてあるのを見かけた。

私の部屋の左側の中ほどに寝ていた娘さんは、成形手術の背中の上から下への大きな傷跡の下の部分がいつまでも塞がらず、その治療のために入院中だった。彼女はやや自嘲めいた口ぶりで、肋骨を取ったあとの胸の凹みに目覚まし時計が一個ちょうど入るのよ。満員電車で押されると押し潰されそうで怖い。肋骨って肺を保護するためにあったのねぇ、と話すのを聞くと、私はせっかくストマイで空洞を残さずに結核菌を追い出したのに、むざむざ肋骨を切られてなるものかと思った。

私は主治医である結核予防会の本堂先生の所へ相談に行った。レントゲン撮影の結果、

「よかったですねえ。あんなにひどかったのに、空洞が残らなかったのは幸運だった。手術の必要はありません。」

私は康済病院に帰って、このことを報告したが、手術の予定は変更されなかった。とにかく一日も早く転院先を探すことだが、大勢のベッド待ちの人がいるこの頃、そう簡単には見つからない。私は転院先が見つかるまで置いてくださいと粘った。

十二月に入って間もなく、稲庭さんが来て、いわさきちひろさんに頼んだ第二作の絵が出来上がって、あまり素晴らしいので貴方に見せてあげたくてと、大きな画用紙をベッド

の上に拡げた。今度も稲庭さんの脚本で、アンデルセンの「雪の女王」だった。第一作の「お母さんのはなし」から五年経っている。第一作で見えた丸木俊子さんの影響はもはや跡形もなくなっていて、子供たちはあどけなく、雪の女王は妖しく美しく、とにかく素晴らしかった。大きな画用紙にたっぷりな余白を残して、水彩とパステルで夢のように美しくアンデルセンの世界が画かれていて、私は言葉が出ないほど感動した。私のちひろさんへの惚れ込みはこの絵から始まったように思う。

この年の十二月二十二日、私は夕食後ベッドの耳元でラジオニュースを聞いていた。仙台高裁での松川事件の二審判決（※）が報じられている。

※「下山事件」「三鷹事件」とともに戦後の国鉄三大謀略事件といわれる。一九五〇年八月、東北本線松川駅付近で列車転覆事故が発生。事前にレールを外してあった痕跡が明瞭で、警察は当時大量解雇撤回闘争中であった東芝松川工場労組と国鉄労組、日本共産党の共同謀議による破壊活動と断定。東芝松川から一〇名、国鉄から一〇名を逮捕した。福島地裁の一審判決は二〇名全員有罪（死刑四人）。仙台高裁の二審判決は一七名有罪（死刑三名）。

当初よりＧＨＱによる謀略とのうわさが強く、作家広津和郎は無罪論を展開して奔走。多数の文化人も救援活動に加わった。その後、検察が被告らのアリバイを証明する重要証拠を隠ぺいしていたことが判明。五九年、最高裁は二審判決を破棄、差し戻しを決定。六三年、全員無罪が確定した。

えっ、死刑三人、無期懲役七人。無実の罪で捕えられている国鉄や東芝労働者に死刑。

酷すぎる。私は興奮で動悸が治まらなかった。ずっと平熱だったのに、その夜は三十八度に上がった。

それまではそんな大事になるとも思わずに過ごしてきた松川事件だった。病気していても何かできることがあるのではと、ともかくも獄中に激励の手紙を書いた。後には友人達を誘って定期カンパを送ったり、息子たちの絵を送ったり、獄中からも皆さんの寄せ書きや、絵を息子たち宛に頂いたり、無罪になるまで続いた。だから私の文通相手になって下さった本田昇さんの手紙や絵などたくさん残っている。

転院の相談に、江古田の個人病院だったが先進的な結核外科手術で有名な病院に行った。私の状況に同情して下さって、この病院の手術後の患者を送り込んでいる療養ベッド専門の、飛鳥山に近い滝野川病院を紹介して下さった。

転院が決まりかけていた、翌一九五四年の二月七日、突然沼津の父が死んで、急いで沼津へ帰った。狭心症の発作をしばしば起こしていた父は、懇意な薬局からアンプルを切って蒸散する気体を吸い込むと発作が治まるという薬を買って、母が安静にしていてと言っても聞かず、外出を繰り返していたという。その日の早朝に起こした大発作は、もはやその薬も効かず、そのまま逝ってしまったと母が嘆いていた。六十三歳だった。

私は安静にしていなければいけなかったので、家の座敷で行われた葬儀にも出ず、別室で読経を聴いていた。長女だと言うのに、子供は預かってもらい、本人はこのありさまで、何とも腑甲斐無い長女だと、一人になってしまった母に申し訳なさでいっぱいだった。

沼津から帰ってすぐ、二月の十三日に康済病院から滝野川病院に転院した。ここはほとんどが手術後の恢復待ちの患者だったから、暢びやかで明かるかった。大手銀行の委託患者という美しい娘さんの一団がいた。大柄の浴衣にきれいな色の伊達巻を締めて安静時間が終わるとあちこちの窓によって談笑している様子は、夏休みの社員旅行のような風景だった。

三月一日のビキニ環礁の核実験のニュースは、この病院のベッドで聞いた。悪魔のようなこの兵器をこれ以上発達させてどうしようというのだろう。広島と長崎だけでは足りないというのか。ベッドごとどこまでも沈み込んでいくような怖さを感じていた。

この病院に移ってからも武は毎土曜日寄ってくれた。腰の低い丁寧な人だから、帰りにベッドの間を頭を下げながら会釈をして通る。私は恢復期に入って、どんどん体重が増えていた。見舞いに来た職場の同僚に、三浦環か四谷文子かなどとからかわれていた。どちらも当時有名なソプラノ歌手で貫録充分、堂々たる体格の持ち主である。その私が彼の後をついて玄関まで見送りに行くと、いつも言われた。「どっちが旦那さんかわかりゃしないよ。威張りくさって歩いて行って。」胸にも胴周りにも肉のついた私は、どうしても胸を張って歩かざるを得なかったのだ。

この春、学芸大に入学した妹の和子は、頻繁に見舞いに来てくれた。二階の窓から眺めていると、門を入ってくるのが見える。長い三つ編みのお下げ髪をぴたぴたと背中で揺らし、格子縞の襞スカートをさっさっと揺らして、大股で歩いて来る。塀沿いの楠の若葉の燃えるような緑。春の暖かい陽射し。懐かしい思い出の絵の一枚だ。

私は八月十一日に退院した。迎えにきた武は、この時はもう非合法の部所に戻っていて、私を連れて林町の家へ帰るわけにはいかなかった。西武新宿線の井荻で降りて、さるすべりの花がどこの庭先も満開の中を連れて行かれた。さるすべりの花の色がこんなに変化に富んでいるのを私は初めて見た。白、薄いピンクから濃いピンクまでに様々な階調がある。薄紫といっても紅のかかったものから、グレーがかったものまで、私は白いパラソルをさし、夏の午前の陽を避けながら、みとれて歩いた。

武の部屋は屋敷町の中の一軒の玄関脇の四畳半だった。真夏だというのに何か寒々しく、わびしかった。彼は毎日こういう日々を過ごしているのだろう。私は次の朝、一人で林町の家に帰った。

復職できるようになるまで、子供たちのいる沼津の家で静養することになった。一緒に帰ってくれる和子にせめてお礼にと夏のワンピースを縫った。私は忘れていたのだが、和子の言うのには、スカートが四枚はぎのはずが三枚しか裁てなくて、ギャザーなしのスカートになったんだそうだ。

林町の家は、私がいなくても、二階の下宿人の伊藤和子さんが他の下宿人たちから部屋代を集めておいて下さった。沼津へ行っている間は、私が月に一回、結核予防会に診察に上京すると渡して下さった。この頃の私の唯一の収入だった。

私と同時に入居した和子さんは、私よりずっとこの家に馴染んで、ご近所とも気さくにつき合っていた。彼女の商売は、街頭紙芝居の塗り屋さんだった。

私は和子さんに二階に住んでもらって、全く別世界だった街頭紙芝居の世界を知った。この頃はまだ街頭紙芝居は全盛時代で羽振りがよかったので、教育紙芝居研究会の販売部門である日本紙芝居幻灯株式会社へは、街頭関係の方々から多くの出資をいただいていた。ここで街頭紙芝居のことを和子さんの塗り屋という仕事を通じて少し書いておこうと思う。

和子さんのところへは入居した次の日の朝から共同画劇社の若い衆がやって来た。街頭紙芝居の小父さんたちは、雨が降らない限り商売に出かける。子供たちが続きを待っているからだ。共同画劇社の社長は加太こうじさんで、その頃の街頭紙芝居では人気抜群の作者兼画家で、十四歳の時から紙芝居を描いて稼いでいた人だった。和子さんは戦後間もなく女子美を出たが、ひどいインフレで稼げる内職を探していて紙芝居の仕事をするようになり、加太こうじさんに塗りの腕を見込まれて、加太さんの専属の塗り屋をしていた。

私の月給が教育紙芝居研究会で八千二百円の時、一日二十二枚塗れば二万円以上になるそうで、女の仕事としてはいい稼ぎのようだった。

若い衆の持ってくるのは、前日加太さんが堅い板紙で裏打ちされた画用紙に墨線だけで描いた紙芝居一巻分十一場面を二巻分である。和子さんの机の上には大きなワイングラスのようなコップに三原色の染料が水に溶いて置いてある。あとは絵皿で様々な色を作って塗るのだが、前以て加太さんと打ち合わせがしてあって、女の長襦袢は薄ピンクとか、主人公の渡世人の着物の縞とか、女の子の着物の色柄とか、一月も続く長編でも着替えたとか境遇が変わったとかでなければ、毎日同じように塗らなくてはいけない。見ている子供たちが混乱するからだ。平塗りが終わると大きな陰影をつけ、さらに濃淡のメリハリをつけて細かい陰影をつけて出来上がりだと和子さんが言っていた。

午後四時頃になると、若い衆がやってきて仕上がった絵を持っていく。

加太さんは絵の裏に、一場面後の簡単なセリフと説明をマジックインキで大きな字で書く。街の紙芝居の小父さんたちは馴れたもので、ろくに裏も見ないでどんどん喋るから、それでいいのだそうだ。私たちの教育紙芝居が言い回しや語尾の一字一句にこだわるのとは大違いだ。

裏書が終わると補強のためにニスを塗る。これで次の朝には、共同画劇系の第一番目のグループに渡される。グループ全員が使い終わると次のグループに廻される。こうして品川から川崎、横浜、保土ヶ谷と東海道を下り、九州を一巡して帰ってくるのには一年半かかるという話だった。その頃にはボール紙の角は丸く擦り減っているそうだ。

美人で気っ風のいい和子さんは、街頭紙芝居の世界ではマドンナだったらしい。

林町のわが家は、七十メートルも深い袋小路の奥にあって、鍵はかけない。若い衆は決まった時間に毎日トントンと二階に上がって行った。

塗り屋は収入はいいが、雨が降らない限り休みがないのが辛いと和子さんは言っていた。でも、紙芝居屋さんの生活がかかっているし、子供たちも続きを待ってるものねと笑った。

退院して間もない頃だった。結核予防会へ診察に行ったついでに、目と鼻の先の元の職場の神田書房に寄った。ちょうど一年経っていた。同僚達が驚いて言った。

「渡辺さんでも若返るんだ。」

私は愕然とした。一年前、私はどんな顔をしていたのだろう。流行に関係なしの着たきり雀。お白粉気なし。髪はひっつめて後で一つにしばっていた。一年経って、私はふっくらして、色が白くなって、髪は短く刈り上げていた。ノースリーブのワンピースから出ている腕は自分でもきれいだと思った。ああ、この一年は神様がくれた休暇だったのだ。

洗濯

翌年の春、私は沼津での静養を打ち切って、息子たちを連れて林町の家に帰った。しかし午後は安静にしている状

態は続いていた。

子供たちは、また元の林町小学校に戻った。六年生と四年生になっていた。

当時は電気洗濯機がようやく一般家庭に出回り始めていたが、私には高嶺の花だ。タライを廊下に新設した流し台に乗せ、廊下に座布団を敷いてそろそろと洗っていた。

しかしシーツのような大きなものは、どうしても身体を大きく動かすことになる。私は喀血が怖くてそれができなかった。

「ねえ、お願いだから、そのシーツを洗濯板の上でごろごろと転がしてくれない?二人で交替で、五十回ずつ。」

二人は面白がって結構うまくやってくれた。私は座敷に坐って、あれこれ指図して、ゆすいで絞るまでやってもらった。

九月になってから、弟の達也のところから、次の弟の典雄からのお流れのまたお流れだと言って手回しの絞り機のついた洗濯機をもらった。これで息子たちの洗濯のお手伝いは終わった。

長男の微熱

東京の小学校に戻った鋼が、五月になって毎日午後に三十七度五分ぐらいの熱を出しているのに気がついた。本人は何ともないらしかったが、私は気が気ではなかった。午後に微熱とくればすわ結核と慌ててしまう。さっそく結核予防会に連れて行った。レントゲン撮影の結果、何の異常もないと言われた。しかし熱は続いた。他の病院へも連れて行ったが診断は同じだった。扁桃腺が少し腫れていますねと言われ、そのせいかと一晩泊まりで手術をしたが、熱は相変わらずだ。もう七月に入っていた。私は万策尽きて、また結核予防会の本堂先生の所へ行った。すると先生は言った。

「このお子さんが東京へ来る前に住んでいたという沼津へ、夏休みに帰してみたらいかがでしょう。ずいぶんいい所のようだから。」

私は一学期の終えた七月二十日、午後一番の沼津行きに乗せた。二人は大喜びだった。沼津には幼馴染みの友達がいっぱいいる。沼津駅には妹の和子が迎えに出てくれる約束になっていた。

和子の話によると、二人は千本松原の家に着くやすぐに友達と連れだって海に行き、毎日遊びまくっていたらしい。すると一週間目の夜、鋼は突然三十九度を超える熱を出した。母は心配してこれ以上高くなったらお医者さんを呼ばなくてはと言ったが、次の朝は何事もなかったように平熱になって、そのあと、夏の終わりに東京へ帰るまで、元気に遊んでいたという。そして帰京して二学期に入っても再び熱を出すことはなかった。

空気の良い沼津から東京へ移って、彼はその環境の変化に対応できなくて熱を出したのだろうか。そういえば医者巡りをしていた頃、上野の広小路の電停に立っていた時、

「お母ちゃん、東京って臭いねえ。」

と言った。私は馴れっこになっていて感じなかったが、そうだ、あそこで深呼吸する気にはなれない。やはりこの子には東京の大気汚染がこたえたのだろうか。千本浜の海岸に立つと、自然に大きく息を吸い込むのに、私は東京では小さい息をして暮らしているのに気がついた。

あっ、柱の下がない！

二学期に入って、午後もう寝ていなくてもよくなった私は、家の修理を思い立った。勤めに出始めてからでは出来ない。やるなら今だ。お金はないけれど材木は弟の達也が商売物をタダでくれると言っている。工事は、お隣の佐藤さんのご主人が設計技師さんで、属している建設会社の大工さんから、電気、水道、ガス工事の下請けさんを回してくださるという。ご主人は玄関を北向きにつけかえなさいなど、いろいろ助言をして下さった。私の最大の目的は、二人の息子のベッドにしている押入れが、今はいいけれど、もう間もなく背が伸びて、頭や足がつかえてしまう。板壁を今の位置から雨落ち一杯まで外へ出したかった。幸い、裏の二軒のお宅に通じる小路側は、誰も作る人がいなかったから塀がないままだ。わが家の土地の境界が二階の軒からの雨落ち一杯だそうで、そこまで三十センチばかり家を広げるのである。

お台所もその延長で壁を外へ出し、床を全部板張りにすれば、テーブルと椅子を入れて台所で食事ができる。

大工さんたちは台所から壊しにかかった。壁板がはぎ取られ、柱がむき出しになる。そこで大工さんが驚き、指さされて私もびっくり。なんと台所の柱は少なくとも三本は床から下が腐って落ちてしまい、下がない。この三本の他も台所の柱はすべて腐っていて柱の役をしていなかったのである。これでよく家が傾かなかったものだ。つぎ柱にすると大工さんが言った。

ところが昼食に入ろうとしている時、大工さんの一人が「ガス臭い」というので、私も玄関から出て裏へ回った。本当にかなり臭い。私たちが騒いでいると、佐藤さんのご主人が、「せっけん水を作って刷毛でガス管に塗っていきなさい。漏れている場所では大きな泡が出るから」と教えて下さった。

ガス漏れの箇所はすぐ見つかった。相当な勢いで漏れていると見えて、ぶくぶくと泡が立つ。この箇所は本管から床下を通って元栓に向かう台所の敷居の下あたりだった。佐藤さんの指示で濡れ手拭でそっとガス管を巻いた。ガス会社に連絡して下さったのも佐藤さんだったと思う。

外観は赤くがさがさに錆びていて、工事の振動でガバリとはがれ落ち、そこから漏れたらしかった。この工事をしないでそのまま住み続けていたら、一家全員ガス中毒で死ぬところであった。前の家のおばあさんの言った「この家は代々貧乏人が住んで修理してないからね」まさにその通りで、私はギリギリのタイミングで修理の工事をしたのだった。

この後、いつ頃であったろうか。今度は漏水の事故があった。水では死なないから良かったけれど、これもひどかった。

ある日、水道局から注意があった。「お宅の水道代が二万円にもなっています。明らかに漏水と思われるので調べて下さい。」月給が八千二百円の時代である。私は大急ぎで、近所の水道屋さんに来てもらった。なんと私たち親子三人が暮らしている六畳間の真中の床下に、直径一間もの大穴があって、それになみなみと水が貯まっているという。その穴の真上を通っていた水道管から水が漏れて池になっていたらしい。水はあふれもせず、地下に滲み込んでいたのだろうか。戦争中この家に住んでいた人が床下に防空壕を掘って、床下では家もろともに蒸し焼きになると途中で放棄したままになっていたらしい。水道局は漏水事故扱いにしてくれて、例月の平均額を払うことで済んだ。

この年共産党は「第六回全国協議会」をやって分裂を収拾し、極左冒険主義をやめる声明を出して、八月に代々木の青年館で記念演説会が開かれた。非合法の人たちがみんな出てくると言うので、武も出てくるかと私は青年館へ行った。檀上に野坂さんや紺野さんの顔は見えたけれど、武はいなかった。出てくる気配も感じられなかった。

父帰る

年末、三十日だったと思う。武が帰って来た。私は外出中だったようで、これは次男の黎の証言による。

「玄関に誰か来たので、お母ちゃんだと思って兄貴と二人で飛んで行った。そうしたら、男の人が立っていて、『おう、大きくなったなあ』って言って、ポケットから五円の薄い板チョコを出して一枚ずつくれて、どんどん上がって行っちゃった。それで、『あ、あれはおやじだ』って思った。」

これがわが家の父帰るである。武は私の入院中はちょうど一年、表の勤務になっていたけれど、その期間は子供たちは沼津に行っていた。康済病院へ冬休みに二人を連れて見舞いに来てくれたことがあったけれど、わずか一泊ぐらいでは覚えているはずはない。だから彼等は一九五〇年の六月から、一九五五年のこの日まで会っていないのである。その間に小学校一年生だった長男は六年生になっていた。

思えば武は気の毒な父親だった。二人の子供にとって幼年期の六年の不在は何となくよそよそしい親子関係を作る。その後も武は任務に忠実で、子供の学校のことについては関心がなかった。卒業式も運動会も、父母参観日も、ただの一度も出たことはなかった。出たくても出られないほど日々忙しかった。いや、あの頃の武は、子供の学校行事に参加することを全く考えたこともなかったようだ。

銭湯に張り込んでいた刑事

まだ武が帰っていなかった頃、二階の伊藤さんが、商店街で面白い話を聞いてきた。わが家の路地のもう一つ不忍通り寄りの道に、朝日湯という銭湯があった。風呂がないわが家では、みんなこの銭湯に通った。そこに毎日刑事が張り込んでいると話してくれたのは商店街の靴屋の奥さんで、「渡辺が帰ってくれば必ず銭湯に来る」と浴場の裏の部屋ののぞき窓から毎日見張っているけれど、助平な刑事は男湯を見張らないで、女湯ばかり覗いているんだってと笑っていたそうだ。

武はせっかく表へ出てきたのに、なぜか毎日つけられているようだった。うちの路地から商店街へ出て左を見ると、不忍通りへの出口にそれとわかるのがいて、右を見るとこちらは林町小学校の前の通りだが、そこにもいるのだそうだ。お伴をまくのには、小石川植物園裏の邸町がいいので、武は毎日右へ出て、どんどん歩いて白山四丁目の、徳川時代の御家人衆の邸町だったというこの町に入るのだそうだ。

その昔、武士たちは馬で通るか、駕籠で通るか、道はその位の巾があればよかったのだろう。その狭い道は、整然と碁盤の目のように通っている。しかも邸が小さかったのか、区画が小さく、道はすぐ次の十字路に出る。ここも戦災に遭っているのだが、その後建てられた新しい家も、昔の区画通りに建てられていて、武は熟知しているこの町を通り抜ける頃には必ずお伴はふり切れると言っていた。つけられた時、国電に乗ってまく手もある。なるべくドアのすぐ側に乗る。彼らは一つ後ろのドアに乗る、適当な駅でドアが閉まる寸前にさっと降りるのだ。彼らがあっと思った時にはドアが閉まり、電車は走り出す。武がつけられるのは武の逮捕が目的ではなくて、その行先だったから、彼はゲーム感覚で毎日スリルを楽しんでいるようだった。

復職・ちひろさんとの出会い

明けて一九五六年、昭和三十一年だ。私は元の職場に戻った。私が休んでいる間に、教育紙芝居研究会は文工会館から四谷坂町の細い道を入った突き当たりの二階家に引っ越していた。稲庭さんが、お母さんの遺産の盛岡の仙北町の家を売って買ったという話だった。稲庭さんは男の子を産んで、家の左半分と二階にご主人と三人暮らしだった。

出社すると、稲庭さんが例の甘い声で困ったように言った。

「わたし、ちひろさんを怒らしちゃったの。伺えなくなっているのよ。」

共産党はつい前年、二派に分かれていたのを統一したばかりだった。稲庭さんはいつも勝ち組にいる人だったから、そんな感覚で、ちひろさんのご主人の松本善明さんのことを何か言ったらしく、やさしいちひろさんが激怒したのだという。

「まあ、もったいない。あんないい絵を描く人に描いていただけないなんて。私、謝りに行ってきます。」

この時私はちひろさんと一面識もない。唯一度だけ、「猛の誕生日なので、残金をいくらか頂けないでしょうか」とひっそりと文工会館の事務所に入って来られたのをちらっと見たことがあるだけだ。あの時も、描いていただいて五年も経っていたのに残金があった。今度も「雪の女王」から丸二年。まだ四千円も残金があるという。

私は、この残金を持って出かけることにした。ところが長い貧乏暮らしの上に入院生活で、ちひろさんの前に着て出られるような服は一着もなかった。仕方なく娘時代のお気に入りの紫のお召しに、銀ねずや青や紅の細い縞の羽織を着て行った。ずいぶん大時代めいているようだけれど、この頃（昭和三十一年）はまだ和服の人が多かったのだ。

お目にかかってお話をすれば、ちひろさんはいい絵を描きたいし、私たちもいい絵で紙芝居を作りたいという気持ちは一つで、たちまちわだかまりは解けて、間もなく私の初めてのちひろさんのアトリエ通いが始まった。

私はこの時から、退職する一九七〇年まで、童心社がちひろさんにお願いするほとんどの絵を描いていただくために、ちひろさんの画机の前に座ることになる。この十四年の間に、ちひろさんはどんどんうまくなり、絵も微妙に変化していった。私は彼女の描く絵の類のない美しさに魅了されていただけでなく、お人柄がやさしく、可愛らしく、その裏にしっかりとした芯の強さが感じられて、なんて素敵な人だろうと思った。このちひろさんとの十四年間のことは、後に文京区で親と教師で出していた教育新聞の「文京の教育」に連載したので、童心社時代の最後に転載する。

歴史紙芝居のその後

第一巻の「大昔の人々」の製版所へ、指導して下さった学者の和島誠一先生をお連れしたのが一九五三年の八月二十三日ではなかったかと思う。そのあとすぐに第二巻の「やまとたける」の絵が出来て、練馬の野々口重さんのお宅にいただきに伺った。この絵は神保町の神田製版へ入れ、私は遅い夏休みを取って沼津へ帰った。そして結核がわかり、そのまま二年五ヶ月も休職して歴史紙芝居から離れていた。

今、歴史紙芝居の発行を奥付で調べてみると、翌年の一九五四年には一巻も出ていない。上代史はいろいろ論争があって、指導の歴史学者に変更があったりと、遅々として進まなかったらしい。その翌年一九五五年五月には問題になった「ならのみやこ」は残したまま、第四巻「かなの文学」、七月に第六巻「蒙古来たる」、十二月に稲庭さんの脚本で第七巻「山城物語」が出ている。恐らくこの脚本が稲庭さんの出産後の第一作だったと思われる。

私が復職したのはその翌年の二月一日、その二月一日付で「ならのみやこ」の改訂版が出ている。絵と指導パンフレットは元のままで、シナリオの断定的な文章をやわらかくしたと書かれている。初版はいつ刷られたのか。どんな論争の経緯でそうなったのか。私は何も聞いていない。

私が復職した翌月の三月に第五巻「武士のおこり」、七月に第八巻「ローマへ行った少年たち」が両方とも稲庭さんの脚本で、絵は田代寛哉、小谷野半二という戦中からの紙芝居絵描きのベテランで、編集者不在でも楽々こなせるコンビであった。乳呑児を抱えた稲庭さんはこの時期、専ら脚本書きに専念していたのだろう。

復職したと言っても、再発が怖くて、私は隔日勤務にしてもらっていた。そこで再び私が関わったのが第九巻の「島原の乱」である。指導は東上線朝霞に住んでおられた林基先生。まだ田圃の間を走っていた東上線沿線の青々とした稲田や森、夕暮れにはその間になつかし気に人家の灯りが点在していた。指導書の原稿をいただくまでに何回通っただろう。絵は街頭紙芝居界の帝王のようだった加太こうじさん。美少年天草四郎はお手の物だった。加太さん著の「紙芝居昭和史」によると、この時期にはテレビに押されて、衰退の道を辿りつつあったとあるが、私が伺った加太家は活気にあふれていた。家中に若い者がうろうろしていて、みんな紙芝居関係の仕事を手伝っている居候のようだった。後に五年も経たないうちに「影丸伝」、「忍者武芸帳」で貸本界の人気作家になった白土三平さんも、まだこの頃はこの家の居候だったらしい。

当時の加太さんは三十代の後半、素袷の着流しであぐらをかき、ボール紙で裏打ちされた画用紙にさっさと無造作に筆を走らせていた。絵と物語は一緒に出来ていくようだった。傍らの大きな電蓄がこの家の喧騒を押さえ込むような音でベートーベンの運命を流している。これが加太さんの一日五十五枚、つまり五巻併行して描き上げる壮大なＢＧＭだったのだ。

すぐ横の壁に横長い紙が何本も貼ってある。併行して描いている作品の進行表で、主人公の名前、年齢、着衣の特徴とか、おおよそのあらすじ、昨日どこまで書いたかメモしてある。これを怠ると、さすがの加太さんでも混線したり、服装を間違える危険があるからだそうだ。全国の紙芝居屋さんの生活がかかっている人気作家の、真剣勝負といった気迫が感じられた。「島原の乱」はその合間に描いていただいたのである。

第十巻「高野長英」は、歴史紙芝居シリーズ製作の仕掛け人高橋磌一先生の脚本、絵はリアリズム派油絵のトップの永井潔さん。戦後すぐの稲庭さんの傑作「正作」の絵を描いた人である。高野長英は高橋先生のライフワークでもあったから、作画ともに見事な出来栄えで、十二巻中の傑作である。

第十一巻「黒船」は、私が脚本を担当することになっていた。早くから服部之総の「黒船前夜」、ペリーの書いた「ペリー来航記」など読んで、当時の事実の中に主人公を設定して、ストーリーの展開を考えていた。

浦賀の警備を幕府から命じられた川越藩、その陣地へ米運びにかりだされた川越在の村の若者。黒船来るでごった返す品川宿。新政府になって、生糸問屋の手代になった主人公が居留地へ代金を取りに行くと、犬をけしかけて代金を踏み倒す悪徳外国人商人。不平等条約を背景に、大きな時代の変わり目を庶民の目から書いたつもりだ。

絵は週刊朝日の小説の挿絵で注目して、紹介者もなしに頼みに伺った洋画家の永田力さん。呆れ、かつ戸惑われたようだったが引き受けていただいた。表紙の黒船はいい絵だと今も気に入っている。

第十二巻「江戸から東京へ」は松島栄一先生の指導で、まつやまふみおさんの絵。発行は「黒船」と同じ一九五六年九月十日になっている。

丸四年の歳月を費やしてようやく十二巻を完結した。この年、一九五六年にはその中の半分以上を集中して出している。こんな無理な作り方をして、貧乏な教育紙芝居研究会の金繰りが続くはずがない。幼児向きの紙芝居にはそれなりの販路を持っている。しかし、学校向けの販路はない。日教組と歴教協の組織が頼りだったのだが、いくらよくできた紙芝居でも、肝心の現場の先生が教室で使う意欲がなければ何の役にも立たない。返品に次ぐ返品、地方は在庫の山。教育紙芝居研究会はこの年の暮れ不渡りを出して、黒字倒産をした。歴史紙芝居と心中したようなものだ。社内では新人ではあるし、病気上がりだったし、私には深い事情は何もわからなかった。改めて資料を調べて行くと、あの倒産は無理を承知でともかくも十二巻完成させる。不渡り手形を出すのもやむなし。そこで改めて株式会社としての出版社として出直す。そこまでを視野に入れてのことだったのだろうか。関係した方々はもはやすべて鬼籍に入られ、問うすべもない。

私はこの第一期の歴史紙芝居刊行から四十五年後の一九九〇年代に入って、同じ歴教協の歴史紙芝居刊行にもかかわった。歴史学は戦後の研究の自由と、相次ぐ新しい発見によって目覚ましい発展をした。その視点で第一期の歴史紙芝居の内容を検証すると、全く改訂すべきもの、修正の必要のあるものがあって、新たなシリーズ刊行となったのだが、紙芝居としての出来から見ると身贔屓ではなく、第一期の方がいい。しかし歴史教材である以上、やはりもはや歴史博物館入りは運命である。

童心社時代

童心社として再出発

教育紙芝居研究会は倒産した。戦後間もなく、民主主義科学者連盟（民科）の一翼として稲庭桂子さんが事務局長で民主主義紙芝居集団が発足、二年経ってもっと幅広く紙芝居人を結集して出来たのがこの研究会だった。

その中には紙芝居の創始者の一人で紙芝居の父と呼ばれている高橋五山先生や、当時焼跡の街角で子供たちの人気を集め、金廻りの良さを誇っていた加太こうじさんたちの街頭紙芝居の人々もいた。

戦争中軍部のお声がかりで朝日新聞社が後援で出来た教育紙芝居協会のメンバーの中に稲庭桂子さんもいたのである。紙芝居協会は後ろ盾が強力だったので待遇もよく、一作ごとに作劇法や構図について論議され、動かない絵が動いて芝居になる紙芝居作法が練られ、それらすべてが教育紙芝居研究会に継承されていた。街頭紙芝居の方々も参加しての月例研究会も重ねていた。教育紙芝居研究会の倒産によって、これらすべての文化遺産が失われることを憂い、惜しむ声が大きかった。また全国の販売網には膨大な在庫が残っていた。

そこで、紙屋、印刷屋、版屋の未払金を投資という形で株券にしてもらって、研究会ではなく出版社として発足したのが、童心社である。社長は稲庭桂子さんの夫の当時学習の友社にいた村松金治さん。編集長は稲庭さん。教育紙芝居研究会から残ったのは編集の私と、常務という肩書で湯川慎一さん。たった四人での再出発だった。

当時は紙芝居が刷り上がると、四人で荷造りして、大口は湯川さんが四谷駅へ、小口は郵便局へ私が、そして東販や日販の大取次は社長が木綿の大風呂敷で背負って出かけた。もう倒産はこりごりだった。とにかく売れる紙芝居、全国の幼稚園、保育園で子供たちが大喜びしてくれる紙芝居を作らなくてはならない。

私が企画したのは漫画的主人公、たんけんタンちゃんとチコちゃんのシリーズで、売行きは好調のようだったけれど、後から見ると私は自分の子供が男の子二人なので、どうしても男の子好みになっていた。

この年（一九五七年）の一月に、南極探検のための、予備観測船宗谷が出発して、日本中の目が南極に向いていた。そこで第一作は「たんけんタンちゃんのなんきょくたんけん」になった。第二作は夏のシーズンに向けて「うみのぼうけん」、続いて「アフリカもうじゅうがり」「おつきさまロケットりょこう」と続く。そのロケットりょこうの制作最中だった。

この年の十月四日、世界で最初の人工衛星スプートニクが打ち上げられて、地球のまわりを飛んだ。私がこのニュースを聞いたのは、忘れもしない、その日の夕方、どこの帰りだったのか、上野公園下の都電の中だった。車中の誰かのラジオがこのことを報じていた。

私のタンちゃんもロケットで宇宙へ向けて発射されていたのである。

翌年の一九五八年の夏向け企画は、海岸育ちの私でなくてはの作品「やどかりさんのおひっこし」。その次が「スピードきょうそう」。千葉の山中で山砂利運びのトラックに飛び降りてしまった子猿が、次々と高速の乗物に乗り移って、行き着いたのが東京タワーの建築現場。追われてどんどん上ってしまって降りられなくなって、というお話。

実は、たまたま用事で神谷町で都電を降りたら、突然頭の上にのしかかるように聳え立つ建築途中の東京タワーを見たのである。膨大な足場の丸太の中から三分の一くらいまで出来かかっている巨大な鉄脚。物見高い私はわざわざ正面まで回って見物した。そして思った。この次の紙芝居にこの東京タワーを絵にしようと。もう八月の末だった。

夏休みがもうあと一日で終わるという前の晩、私は次男の黎に聞いた。「夏休みの宿題は出来ているの？」彼はこの春中学一年生になっていた。案の定絵の宿題が残っているという。テーマは「大東京」で、この秋に東京都が主催する「大東京展」へ出品する絵を、全校生徒の夏休みの宿題にしたらしかった。

「ねえ、明日、東京タワーの建設現場へスケッチに行ったらどう？素晴らしかったわ。きっと気に入るから。」

私はこの子の不思議なデッサン力を知っていた。二階の物干し台から描いた屋根ばかりを鉛筆で描いた絵。あっちへ曲がりこっちへ曲がりながら一枚一枚瓦を描いていて、まがっていてもちゃんと絵になっていた。あの無数の足場から雄大に立ち上りつつある巨大鉄脚。

この子なら描けるんじゃないかと思ったのだ。

飄々として当てにならないような彼が、次の日、大きな画版を抱えて出かけて行った。夕方帰ってきて、絵を見ると、鉛筆デッサンだけだったが、何ともいい出来だった。

私はその晩、九時頃から彼の横に坐り込んだ。放っておいたらこの子はこの絵を仕上げっこない。それではこの素晴らしいデッサンが勿体ないではないか。私は口先だけの応援団をかって出た。

「すごいいいデッサンだわ。この鉛筆線に割箸ペンで墨を入れていくのよ。」

インクは私が仕事で使っている水にとけないインクで、上から水彩絵の具を塗っても滲むことはない。彼は黙々と丹念に描いていた。その晩はそれだけで終わった。それほど克明に写生してあったのだ。次の晩もまた私は坐った。

「そこは何色だったの?」「こっちの板塀は?」などと口をはさんで、淡彩で色を入れさせた。割箸ペンで骨組はしっかり出来ているから、淡彩だけで充分だった。彼もうまく出来たと満足げににんまりしていた。こうして夏休みの宿題の絵は一日遅れで提出された。

提出した絵がどうなったか、彼は何の関心もなく、私も何も聞かないで学期末を迎えた。彼が学校から持って帰った「冬休みの友」の表紙を見て驚いた。あの建設途中の東京タワーの絵がB５判の半分に縮尺されて印刷されているではないか。

聞いてみると、大東京展で何かの賞をもらったらしい。それが都教組が編集した冬休みの宿題帳「冬休みの友」の表紙絵に採用されたのだった。私はその冬休み帳を一冊大事にとってある。黎はそういうことには全く無関心で、絵の方はどうなったのか、帰っては来なかった。

タンちゃんシリーズは次の年、一九五九年に入って、「エベレスト山のぼり」「くじらの海にゆく」「せかい一しゅう」を出している。私は前年の秋から結核再発で自宅療養中だったが、資料を集めて脚本を書く位の仕事は自宅でも出来る程度の軽症だった。

相変わらずの際物狙いだが、資料だけは正確を期して、書店で目につく限りは集めた。買い込むと、脚本書きはそっちのけで読むのに熱中した。息子たちがちょうどその話し相手にぴったりの年頃だったのだ。毎晩読んだばかりの新しい話題で盛り上がった。

今は全面禁止になっている捕鯨が、当時は最盛期で、各国が捕鯨オリンピックといって獲った頭数を競い合っていた。前年の捕鯨オリンピックで一位になった日本水産の船団長の奥さんが私の女学校時代の友人だったから、資料の写真はたくさん借りることが出来た。

エベレスト登山は一九五三年にイギリスのヒラリー卿が初登頂に成功して以来話題になっていたし、前年に日本隊がマナスル登頂をして、登山記や美しい写真集も出版されていて資料にはこと欠かなかった。

ところが困ったことに相手が幼児だということを忘れて、自分の興味に引きずられ、息子たちの年齢の上がるにつれて、内容も大きい子向きになっていた。自分でもわかっていて、もうこのシリーズも限界だと思った。

紙芝居作家の大先輩、川崎大治さんの傑作「太郎熊・次郎熊」はお子さんが三歳か四歳の頃の作品だし、稲庭桂子さんも、一人息子の耕平くんが二歳、三歳の頃の幼児ものは何ともあどけない。お子さんのいない堀尾青史さんは、宮沢賢治作品の紙芝居化では、なんてうまいんだろうと唸ってしまうが、幼児向けはそうはいかなかった。私はどの紙芝居でも出来得る限りは、絵が出来た段階で懇意な保母さんのいる園で試演をさせてもらった。演じていてよくわかるのである。子どもの心に届かない作品では、言葉がむなしく子どもたちの頭の上を通り過ぎて行ってしまうのを体で感じた。紙芝居ではないけれど、松谷みよ子さんのももちゃんものも、お子さんのそうした時期に生まれた傑作だと思う。

火薬の爆発事故

話は少し戻るが、この年のお正月過ぎの頃だった。前年の暮から、新聞によく子供の火薬遊びの事故の記事が載った。死亡事故から失明する事故。とにかく恐ろしい遊びだ。会社で話題にすると、私と同い年の村松社長が言った。彼は秋田生まれである。

「火薬遊びはね、何故か冬になると流行するんだなあ。囲炉裏端で火薬をいじるんで危ないんですよ。吊るしてある鉄瓶を吹っ飛ばして他の人を怪我させたり、大火傷をさせたりしてね。」

大男の彼が懐かしそうに話すのを聞いて私はぞっとした。うちの息子共にもよく言い聞かせておかなくてはいけない。

「この頃、火薬遊びで、爆発して、死んだとか、目がつぶれたって、よく新聞に出てるの知ってる?」

「ああ、知ってるよ。」

「あなたたち、絶対やらないでね。」

「大丈夫だよ。わかってるよ。なあ。」

と、兄が頼もし気に弟に言う。

「わかってるよ。やりっこないよ。」

弟も真顔で答える。この時弟の黎は六年生の三学期で、早く成長期に入ったのか背は兄より高くなり、体重も重くなって、分別がついてきているように思えた。これだけ言っておけば大丈夫だと私は信用した。

それから間もなく、私が出勤のため着替えに二階へ上がってスカートをはいた時だった。階下でものすごい爆発音。私は階段をかけ下りた。

六畳の部屋一面に血が飛んでいる。見ると黎が廊下の流し台で手を洗っている。流れ落ちる水は血の色だ。私は慌てた。失血死してしまう。タオルで彼の掌を巻き、もう一枚重ねて「しっかり押さえているのよ」と叫んで二階に駆けあがり、上着を着、ハンドバッグを抱えて駆け降りた。

もう私と同じくらいに背丈の伸びた息子の左手をしっかり押さえて、歩いて七分あまりの氷川下セツルメント診療所へ行った。

看護婦さんが彼に聞いている。

「あんちゃん、どこの工場でやったの。」

黎の天然パーマの髪は縮れて巻き上がり、上着は紺のジャンパー、下はジーパン。氷川下は零細工場の多い街である。どこかの工場の事故で、工場のおかみさんがけがをした工員を連れて来たと思われたらしかった。

黎は登校の間際なのに、自分の机の前で、広口の小さな薬瓶に紙火薬のほぐしたのを入れて、左手の親指と中指で瓶の口を押さえ、絵筆の先でかき混ぜていたらしい。だから粉々に砕けたガラス片はすべて掌に突き刺さり、顔や目のけがは免れた。手術はずいぶん時間がかかった。お医者さんが言った。

「二十三個までは出したけれど、あとは取り切れません。残しておいても大丈夫です。自然に出て来る場合もありますよ。」

私は溜息が出た。命に別条がなくて良かった。それにしてもあれだけ念を押して、したり顔でわかってるよと言ったのに、やっぱり小さい頃と同じ、馬の耳に念仏の黎ちゃんだったのだ。私の出勤前でよかった。出勤した後だったらと思うと胸がドキドキした。

どうやらこの辺りでも火薬遊びは大流行のようだった。私は帰りに林町小学校へ寄って渡辺キヨ校長に会った。

「明日の朝礼でどうぞ全校の子供たちに注意してください。白い包帯で首から手をつっていますし、他のお子さんより首一つ背が高いからよく目立ちます。火薬遊びをすると、あんな大怪我をすると言ってあげて下さい。」

六義園から林町にかけて、戦後十三年経っても至る所に大邸宅の焼け跡がそのままになっていた。黎と弟分の同級生は、空地探険小僧と称して歩き回り、六義園の向かいの理研科学のゴミ捨て場を発見し、そこでさまざまな薬の空瓶を拾って来たらしかった。

スプートニクの発射以来、子供たちの間では鉛筆の金属製のキャップに火薬を詰め、割箸で発射台を作って、石垣に向けて発射する遊びが流行していたのだと、後になって兄の方が「結構飛んだよなあ。」と嬉しそうに言っていた。親の知らない所で、すごい遊びをするものだと、私は驚いたり感心したりした。

武、逮捕される

爆発騒ぎのあった年の四月の初め、まだ春休み中だった。早朝、わが家は警察に寝込みを襲われた。玄関に鍵がかかっていない家だから、いきなりどかどかと二階の寝室に踏み込んできた。

武は、「着替えをするから、外に出ていて下さい」と警察を障子の外に出して、背広に着替えて連れて行かれた。パトカーは路地が狭くて入れないので、路地の突き当たりの東京住宅供給公社アパートの通用門から入ってきたらしい。二階から見るとアパートの構内に警察の車が並んで止まっているのが見えた。

新聞がどんな報道をしたか覚えていない。十数人捕まったらしいが、しゃべったのは十七歳の一番若い船員一人で要領を得なかったらしく、あとは全員完全黙秘なので、新聞の記事からは何で逮捕されたのかわからなかった。

十日ほどして拘留開示の裁判があった。

息子たちは兄が中学三年生、弟はつい何日か前に入学式があったばかりの一年生だ。裁判は一時間ばかりで済む形式的なものだったから、一日学校を休ませるのも悔しくて、二時間おひまをもらっておいでと登校させた。

後で聞くと、彼等は二人とも、先生が教室の外まで送ってくれて、「お前のおやじは悪いことをしたのではないから、胸を張って堂々と行って来い」と言われたそうで、二人ながらなんていい先生に恵まれたものだと私は嬉しかった。当時の文京十中は組合が強くて、そんな先生が多かったようだ。

武は神楽坂署の留置場に入れられていた。留置場の建物は、お濠に沿って道路より低い所に建てられていて、飯田橋駅へ行く橋の上から、高い所に小窓のあるその建物が見えた。二回、差し入れに行った。武は休暇でももらったように、ニコニコしていた。私は武の給の着物に、上前と下前にそれぞれ短い紐を縫いつけて持って行った。留置場では帯、ベルト、紐などは一切取り上げられてしまうから、和服に紐をつけることを思いついたのだ。

武は結婚した時、四尺箪笥に夏、冬、春の和服を揃えてもらってあった。武のお母さんは戦争が始まって物がなくなり始めた時から、まだ学生だった武とお兄さんの輝雄さんのために揃えたものだと聞いていた。その中から私は黒っぽい紬の袷を選んだ。痩せていた武の和服姿はなかなか格好が良かった。

メーデーの次の日、武は不起訴になって出てきた。みんな黙秘しているし、証拠も見つからなくて仕方なく釈放したらしい。

このあと、例のお件はつかなくなったようだった。この事件のための尾行だったのだろうか。間もなく週刊誌が大見出しで、人民艦隊事件を書き立ててくれて、私はおぼろげながら、そういうことだったのかと内容を察した。

この事件から四十七年後、武は九十歳で逝った。頂いたたくさんのお悔やみ状の中に、この事件でご一緒したと書いている方が何人かおられた。私はこの方々のお名前だけはずっと知っていたから、ああ、あの時のお仲間であったかと、武の死後知った。武の議員時代、年賀状や暑中見舞いの宛名書きを手伝っていたので、名前と住所は馴染みになっていたのである。武はよくよく口の堅い人であったと、改めて感心させられた。

二回目のちひろさん通い

この年の幼稚園向けの紙芝居の九月号はお月見の行事にちなんで「お月さまいくつ」と題された、アンデルセンの絵のない絵本の中の子供にもわかるお話をいくつかつないだ稲庭桂子さんの脚本だった。絵は当然ちひろさんを想定していた。前回に通った「王さまのながぐつ」から二年経っていた。その間、カタログの表紙などの小さな仕事をお願いに何度も通っていたが、自宅から直接にアトリエ通いはこれが二回目だった。

この二年の間に、ちひろさんはますますうまくなり、優雅さを加えて、次の高みに進んでおられた。幼稚園だった猛ちゃんは二年生になっていた。

二度目の結核

この年の十月の初めだった。この日は夕方からの編集会議で、午後遅くなって出勤の支度をしていた。

編集会議は、道徳教育を導入しようとしている文部省の先手を打って文部省の考えている戦前回帰の徳目ではなく、豊かな心を育てる教材を作るべく、スライドにする文学作品を選ぶ編集会議だった。現場の先生方が紙芝居を教室で子供たちにやって見せるのは苦手なことは、歴史紙芝居で経験していたので、スライド作品にしたのだ。

着替えをしていて激しく咳きこんだ。わずかな量だったが喀血をした。ああ、またかと、私は観念して、折よく在宅していた武に布団を敷いてもらい、近所の医者の往診を頼んだ。

近藤先生は、病人の私が冷静なのに、洗面器の喀血を見ると、

「ああ、困りましたね。困りましたね。」

とひどくうろたえて下さったのが可笑しかった。

結核予防会の診断では、前の病巣の再発ではなく、反対の左の肺の中ほどに、小さな新しい病巣があって、これならパスとヒドラジッドの服用で自宅療養でいいということになって、私は傷病手当がもらえる一年半だけ休職することにした。

次の年は、体の調子が良かったので、十中のPTAで学級委員を引き受けた。

この春、都教組は勤務評定反対の全都的なストを行なった。七月になって十三人の各区の支部長が逮捕され、起訴されて学校を追われた。文京区の中根支部長もその一人だった。私は第二次の手入れがありはしないかと心配だった。もし十中で先頭に立っている大野先生が逮捕されたら、私はPTAをまとめて支援を組織できるだろうか。自分の無力が情けなかった。しかし何事もなく一年が過ぎで、私のPTAはおしまいになった。

長男の怒り

わが家では、家族がそろっている限りメーデーはみんなで参加するようにしていた。武の非合法生活中はそれどころではなかったが、表に出てきてからは、文京区の中学が五月一日が開校記念日で休日なのを幸いにみんなで参加していた。

この年の春、長男は高校入試に失敗して第二志望の高校に廻されて、彼の自尊心は傷つき、機嫌の悪い状態が続いていた。私は陰で、あの子、お臍が曲がるどころか、背中の方に回っているみたいよ。などと冗談を言っていた。

そんな彼に、明日メーデーに一緒に行こうと誘ったら、嫌だという。どうしてと聞くと、

「俺は生まれた時からマルクス・レーニン主義だった。」

と怒っている。男子たるもの、自分の思想は自分の力で選びとるべきなのに、それが生まれた時から奪われていたと怒っているのだ。私はそういう怒り方もあるのかと感心した。これぱかりは運命で、彼の曲がったお臍が元に戻るまでそっとしておく他はなかった。

彼はその後、高校生活で人生が変わったように見えた。彼の部屋に遊びに来ている友人はどう見ても工場労働者のように見える子だったり、机の上には女の子からもらったお人形や花が置いてあったり、実にいきいきしていた。

「この頃のあなたって、まるで太陽は自分のために回っているって思ってるんじゃない？」私はそう言ってからかった。

そして親の知らないうちに、六十年安保では、クラスを組織してデモに参加していた。彼は自分の人生を歩きはじめていたのである。小心な優等生だった彼が、自信に溢れ大胆かつ決断力のある男に変身しつつあった。なにが人生の次なる扉を開けることになるのか分からないものである。私は彼のこの変わりようを心から祝福した。

再出社・はじめての絵本

一九六〇年、四月一日、私は自宅療養を終えて出社した。会社から、隔日勤務ではなく

毎日出社してくれと言われて、それでは家事の手伝いを頼みますからその分月給を増やしてほしいと要求しての再出社だった。

経営が順調に良くなっているらしく、再出社した社屋は、前の坂町の家に近い、今度は四谷の大通りから一本入った三栄町の大きな二階家だった。しかし作りが悪いらしく、階段を土足で上がるとギシギシいった。

私の再出社の日、新しく採用した青年が、発送に二人、営業に一人入社した。三人とも社長のコネらしかった。

間もなく社長が言った。紙芝居の業績が安定しているから、ここで絵本を一冊出したい。そう言われても、私は再出社したばかり、紙芝居育ちで、絵本のことなど考えたこともなかった。稲庭さんも何の腹案も持っていないようだった。

私と稲庭さんがまず考えたことは、絵本で失敗するわけにはいかない。絶対売れる本を作らなくては。倒産はこりごりということだけだった。

私には一つの夢があった。その時はそれが絵本に結びつくとは考えもしなかった。

母から口移しで教えられて、八十数年経った今でもすらすらと言える尻とりことばがあったのだ。

桃の節句雛まつり
つり合い人形やじろべえ
べえべえことばは在ことば

ばあさんじいさんおまごさん
三人官女は緋のはかま
はかまはいた燗徳利《かんどくり》
くりくり坊主は芥子ぼうず
ずらりと並んだお人形
行列揃えてぶかどんどん
どんぶらどんぶら川の桃

で、第一句の桃の節句につながる。もう一つの方は、

瓜のお馬や茄子の牛
うしろすがたのよいおかた
かたびら浴衣絽の羽織
織姫さまは天の川
がわがわがわと飛行船
扇子にうちわに扇風機
切子灯篭岐阜提灯
ちんちくりんの一寸坊
坊やのおめめはかわいいめ
めだか亀の子金魚売り

で、はじめの、瓜のお馬やにつながる。

どうしてこんなにしっかり覚え込んでしまったのだろう。後年、母の前で暗誦したら、母も口を揃え唱和した。母がどんな風に幼い長女と、夕日が黄色くさし込むあの蛇松の家の居間で唱えていたであろうかと想像すると懐かしさがこみあげてくる。

私があの尻取り言葉を今も覚えているように、子供たちに幼いうちに、きれいな日本語で暗誦できる詩を覚えさせたい。きっと生涯忘れないだろう。美しい発音、発声も夢だった。よく外国映画で見る、来客をもてなすために、幼い子供が直立して詩を長々と暗誦するあの情景だった。

私は稲庭さんに、幼い日に母から口移しに教えられた尻取り言葉を二篇、長々と暗誦して聞かせた。

「子供たちは絵本を何べんか読んでやると、すぐ覚えてしまって、まるで字が読めるような顔をして絵本をめくりながら大得意で暗誦します。若い両親は大喜びするでしょう。それが美しい日本語で、美しい詩だったら素敵です。私のように一生覚えているでしょう。一生の宝物です。」

私は思いつきを一気に喋った。

稲庭さんはうなづいて、

「そうね、それで字を覚えたら、親はもっと喜ぶわ。」

私は調子に乗って言った。

「それなら、詩の頭をあいうえお順に揃えて一ページごとに並べたらどうでしょう。」

商魂丸出しの私たちの話に社長も乗って、

「あいうえおのほん」と名付けられて一冊目の制作が始まった。

こういう時に稲庭さんは物怖じしない人で、「文章は広田広介先生にお願いしましょう」と、どんどん出かけて行った。この当時の児童文学界の大御所である。絵は当然ちひろさんだった。この頃には童画界の最高の売れっ子になっておられた。

詩の頭をあいうえお順にという制約があって、浜田先生も苦労なさったらしく、

「らっこのだっことうさんらっこのこもりうた」

「りすのちょろちょろいったりきたり」

など、絵のちひろさんも難渋されていた。その上、定価を低く抑えるために、本文は二色刷りで描きにくかったろうと思う。

編集部はひたすら売れることばかり考えて作ったのに、発行すると間もなく、毎日、日経等の児童図書の紹介欄で、大そうな評価を頂いた。子供が字を覚えていく道筋を見事に踏んでいると褒めて下さったのだ。たちまち二刷、三刷と売れて行った。

あさめがさめたあおいそら
いいてんきすずめがなくよ
うめのきのあおいみひとつ
えだからおちてぽろりこぽろん

おちたよどこにおにわのいけに
この絵本で育った子供たちはもう五十歳をいくつか過ぎているだろう。覚えていて、懐かしがってくださる方に出会うと嬉しい。今も静かに売れていて、編集部に聞いたら、七十六刷で累計二十四万六千五百部になっているそうだ。
「あいうえおのほん」で成功した私は、次は子供が数を覚えていく道筋を追って「かずのほん」を作ってみたいと考えた。

かずのほん

私はひどく数に弱かった。小学校時代、成績は良くても、暗算が全くダメ、算盤もダメ。神田書房の経理に雇われても、一ヶ月でお手上げだった。そんな私でも、どこかで自然に数を覚えたはずだ。
日曜日の朝、疲れて起きられない私の耳に、家の前の路地でまりをついている、お隣りの幼い清江ちゃんのまりつき唄が聞こえてきた。
一わのからすがかあかあ
二わのにわとりこけこっこう
三つみみずくみみがある
四つよたかはよるのとり

かわいらしくて、のどかで、いい気持ちだ。このまりつき唄を「かずのほん」に使ったらどうかしら。うつらうつらしながら考えていた。

しゃんと起き上がって私は頬を叩いた。それでは数の名前の音を拾って並べているだけではないか。もっと真正面から数に迫ってみなくてはいい本はできない。

私は数学教育界のカリスマ的存在の遠山啓先生を横浜の自宅にお訪ねした。

遠山先生は、歴教協に並ぶ先生方の研究団体、数教協（数学教育者協議会）の委員長をしておられた。

口数の少ない方で、端正な顔の表情を崩すことなく、必要なことだけ教えて下さった。

「子供が数をどのように認識してゆくかについては、スイスのピアジェという心理学者の理論があります。今日本で、その理論の追実験を幼児相手にやっているグループがあります。その研究会へ行ってごらんなさい。」

先生が紹介して下さったのは、教育大付属高校の横地清先生だった。私はすぐにその研究会に参加させてもらった。ちょうどその時、幼児が数を認識する重要な過程の、一対一対応の実験に入ったところだった。

研究会のメンバーは、横地先生の他は幼稚園の保母さん方が七、八人。みんな若かった。どっちがたくさんという遊びを子供たちに試みた報告をしていた。

「どうしても数えてしまうんです。」

「同じ数でもリンゴとミカンでは、大きいリンゴをたくさんだと答えました。大きさにとらわれてしまうんですね。」

「そう、短い箸と長い箸では、長い方がたくさんだと言いました。長さと混同しているようでした。」

子どもたちとのいきいきしたやりとりが目に浮かぶようで面白かった。

横地先生はひどく一本気で、独断的で、ご自分の立てた仮説での実験を保母さんに押しつけるので、いつも保母さんたちに反発されていた。それでも結局強引にその実験を押しつけて次回までの宿題にしてしまう。

次回が面白かった。保母さんが口々に、子供たちが横地先生の予想するような反応を示さなかったと報告すると、

「そうか。間違っていたか。わかった」と、誠に潔く自説を撤回された。先生のこの強引さと率直さが、研究会をいきいきさせているようだった。

私も、一対一対応の実験を試みようと、妹の次女のあゆみちゃんがちょうど三歳半で、数に関心を持ち始める年齢だったので、出かけて行って、どっちがたくさん遊びをやってみた。彼女は賢くて数が十単位に多くなっていくのがわかっているらしく、百までも唱えられるようだったが、どっちがたくさん遊びでは一度も数えようとはしなかった。一対一対応するものは数が同じで、余った方がたくさんだという遊びに熱中した。コーヒー茶碗とおさじ、お皿とフォーク、おはじきとビー玉、色紙と鉛筆。目につく限りのものを持って来ては、どっちがたくさんと遊んで、九時になっても寝たくないと頑張っていた。幼い

頭の中で、数が抽象されてゆく楽しさに熱中していたのであろうか。まさにぴったりの時期だったようだ。

同じ三歳でも、同僚のお嬢ちゃんと遊んだ時はそうはいかなかった。私が持参したのがたくさんの貝殻とどんぐりだったのもいけなかった。彼女は一つ一つ対応させて並べて行く。そして最後に余った中から一つつまみあげると先頭に置いて、可愛い声で言う。

「これ、せんせいなの。」

何回やっても「どっちがたくさん」にはならないで幼稚園の遠足ごっこになってしまった。コーヒー茶碗とおさじを借りてやってみても、どっちがたくさんには興味がないようだった。

具体物でする「どっちがたくさん」は簡単だが、これを絵本にするのは難しかった。絵にする方法は研究会では教えてもらえなかったから、あとは自分で知恵を絞る他はなかった。

「かずのほん」1は「どっちがたくさん」で始まる、1から10までの絵本で、「かずのほん」2は、10までのたしざん、ひきざんを、当時遠山先生が提唱しておられたタイル方式で展開した。これも教室で机の上にタイルを並べてやれば簡単だが、動かない絵では工夫が必要だった。

しかし、タイルを並べて描いた絵でも5という数の構成は一目でわかる。それがイメージ出来れば10まで足し算、引き算の原理はわかりやすいようだった。

次男の黎は、算数が大の苦手で、成績はいつもぎりぎりの「2」で、社会がクラスで抜群だったのに較べてひどい違いようだった。彼はこの「かずのほん」2を見て言った。

「あーあ、こういう本を俺が小学校一年生の時作ってくれればよかったのに。もう少しは算数がわかったと思うよ。」

私は誰に褒めてもらうより彼のこの一言が嬉しかった。

画期的な内容だったので、「かずのほん」はたちまち評判になり、各新聞の書評で取り上げられて、私はまた一つ株を上げた。この頃小学館の児童図書の編集長さんと話をする機会があった。

「またヒットですごいですね。あなた方は、出てすぐ一万部を越えれば社長賞ものでしょう。(童心社にはそういうものはなかった)僕らは十万出なければ認めてもらえないからつらいですよ。」

そうか、月給は桁違いに安いだろうが、小出版の有難さ、いい企画ならすぐ出せる。小出版でよかったと思ったものだ。

月に二本定期刊行している紙芝居は、脚本が出来てから後は私の仕事になる。コマ絵のついていない脚本には、コマ絵を描いて画家に構図指定をする。これでずいぶん画家に嫌がられた。編集者の分際で構図指定をするなんてとんでもないと思われるのだ。しかし紙芝居の絵は、脚本と厳密な関係があるから好きなように描かれては動かない絵が動くように感じる紙芝居にならない。その辺をわかってもらうには長いお付き合いが必要だった。

内容に沿って画家さんを選んで頼みに行く。絵が出来上がったら、描き版屋に入れる。同時に写真植字（当時）で絵の裏に刷る文章の原稿を作る。こうして毎月二本を印刷、製本まで期日に仕上げなくてはならないから、いつも気が抜けなくて忙しかった。しかし波に乗っていたから、疲れも忘れて楽しかった。

ヒットすると直ぐ真似される。「あいうえおのほん」の場合は、店頭に並んだら、ちひろさんの絵を一目で見分けられる人の他は恐らく間違って買ってしまうと思われるほどの酷似本だった。これはついに裁判沙汰になって、表紙の色を変えさせて落着した。「かずのほん」でも同様で、私たちは冗談を言い合った。

「児童出版では柳の下にどじょうは三匹までいるのよ。」

二匹目はすぐに出る類似本。三匹目はやや遅れて、大手がトップクラスの画家に描かせた大型豪華本を出して、大宣伝をして店頭を占領してしまう。

この頃、童心社は児童出版のソニーと言われていた。大企業のソニーと比べられるのは面映ゆかったが、当時は「あいうえおのほん」「かずのほん」はそんなふうに見られていた。

次の年は「かがくのほん」三部作を出した。今度は科教協（科学教育者協議会）の委員長の東京工業大学の田中実先生の御厄介になった。教育現場で日々子どもたちを相手に、理科教育に成果を揚げている先生方の実践を土台に作った。真面目に一生懸命作ったのが取り柄の平均作だったと思う。

童心社の絵本を好意的に取り上げて下さる毎日新聞の科学記者に古田昭作さんがいた。

私はこの人に熱心にすすめられて、全く無名の青年宇宙画家の岩崎敏二さんの個展を見に行った。その絵は精緻で正確で、なんとも美しかった。私はこれが宇宙かと感動した。

彼は少年時代から京都の花山天文台の宮本正太郎博士に愛されて、納屋で自分でレンズを磨いて望遠鏡を作って星を見ていたという青年だった。

個展の絵の一つに、土星の衛星から見た、衛星の地平線から巨大な土星が、あの薄い平たい大きな環を、直角に立てて上って来る絵があった。環は巾が七万キロもあるのに、厚さはわずか、十五キロと薄く、たくさんの氷の粒や雪の塊でできているという。その不思議な光景が絵になっていて美しかった。宮本博士の指導で、角度も大きさも正確に描かれているという。私はこんな宇宙を少年たちに見せたいと思った。

私はここまで順調に来過ぎていた。いわば図に乗っていたのである。考えてみれば童心社で高学年向きの図書を出すのは危険だった。絵本なら、長年培ってきた紙芝居の販路があった。しかし東販、日販頼りの高学年物には無理があった。社長も営業部も危ぶんでいた。しかしここまでの私の実績がこの企画を通させてしまった。私には本作りはわずか三年のキャリアしかない。この本の装丁も造本も今から見ればとんだ見当違いだ。岩崎さんの絵は、宇宙からの写真がいくらでも見られる今見ても美しい。もっとずっと素敵に演出してあげることも出来たのに、私に能力がなかったのだ。当然売れなかった。

この本の制作、出版と同時進行のように、童心社に組合ができて、労使の対立が鋭くなっていた。団交になればどうしても私が先頭に立たざるを得ない。この両方が重なって、私は本作りから干された。紙芝居の仕事が定期刊行の他にシリーズものの企画も入って、仕事は相変わらず忙しかったが、干されている気分は重かった。

労働組合ができる

一九六三年の六月のある夕方、私は営業の若手に四谷駅前に呼び出された。私が復職した時入社した、社長の故郷の秋田出身の二人のうちの一人だった。

「僕らは二人で一部屋借りて住んでいるけど、それで食べてゆくのがやっとで、これでは結婚することもできない。一人でも入れる労働組合があると聞いて相談に行ったら、社内の仲間を一人ひとり説得して、95%になったら公然化するようにと指導されました。渡辺さんも入ってください。明日公然化します」

「まあ、私が最後の一人なの？」

「そうです。」

彼はすまなそうな顔をして頭をかいた。

私は稲庭さんと親しいから、社長一家に最も近い存在と見なされていたのだ。

労働者がいれば、労働組合が出来るのは当然で、私は自分が本作りの面白さに夢中になって、童心社の給料の安さを見過ごしてきたのが恥ずかしかった。

加入した組合は、全印総連傘下の個人加盟の組合、東京出版印刷労働組合で、委員長は杉浦正男さんだった。

この時、私の胸をちらっとかすめた心配があった。組合の要求が過大に過ぎて、いい出版をしようとしている童心社を潰してしまうようなことがあってはならない。そういう時には私が調整役になればいいなどと考えた。これがとんだ思い違いだったことを、次の日の団交で思い知らされた。

存在は意識を決定するというけれど、レッドパージで教室を追われた村松社長が、どんなに子供たちに慕われていたか、私はよく聞いていた。その社長が、社内に組合が出来て、団体交渉を申し込まれて、こんなにうろたえてみっともない有様になるなんて、誰が想像しただろうか。

稲庭さんはこの時、モスクワで開かれる世界婦人会議に出席する大勢の代表団の一人として、シベリヤ鉄道でモスクワに向かっていた。それなのに、彼は取り乱して叫んだ。

「稲庭を呼べ。稲庭を呼び返せ。」

村松社長は秋田師範を出るとすぐに海軍にとられ、パシー海峡で撃沈された戦艦武蔵の生き残りである。戦後は墨田区小梅小学校で名教師と謳われた。その人がなんということだ。私は応援に来てくれている東京出版印刷の仲間に恥ずかしかった。

稲庭さんが帰国すると、状況はもっと悪くなった。稲庭さんは戦後の紙芝居運動を、まるでジャンヌ・ダルクのようにリードしてきた人である。それなのに、労働組合運動に全く理解がなかった。口を開けば、私は子供たちのために、いい本を出すために命をかけていますという。だから賃上げなどとんでもないという論法である。いつも団交の応援に来てくれる近所の新日本印刷の落合源輔さんがよく言っていた。

「ああいう人は苦手だなあ。あの人が出てくると話が全く噛み合わない。」

しかし毎回のこうした応援がどんなに有難かったことか。社長が党員であろうと資本主義社会で経営をしている童心社に特別扱いは認められない。労使の交渉で、賃金も一時金も、世間並に決められるべきであると主張しても、次の年に四・一七統一スト中止令を出す間違いをやるこの時代の党にはそこがわかっていなくて、私たちは散々苦労した。社内の支部会議に社長派として区議会議員が参加する。私たちが納得しないので、帰りが夜明けになったこともあった。上申書を書いたり、陳情に行ったりしたが埒があかなかった。

私は労働運動に参加して、初めて本当の民主主義、共産党員としての基本の考え方を学んだような気がする。私は労働運動を始めてから、本気ですべてのデモや集会に参加した。たとえ一万人の中の一人だって、今の逆コースを阻止する力の一人だ。息子たちを再び戦場へ行かせないための一人だと考えて、夜のデモにも集会にも出かけて行った。

一九六四年の四・一七統一ストの前に、四谷地域でも組合の集会が何度かあって国鉄四谷駅の同志たちがストを成功させるために頑張っている姿を見ていた。それがあの突然の党からのスト参加中止令だ。私はこれは裏切りだと思った。あの四谷駅の同志の立場を考えるとやり切れなかった。同じことが日本中で起きていたのだ。レッドパージで壊滅的打撃を受けた組合運動の中の党は、十年に余る苦労の末、ようやく立ち直りを見せていた。

それがまた、決定的な打撃を受けるだろう。党の指導の誤りがどんなに重大な結果をもたらすか、取り返しはつかないのである。

この時は、三ヶ月後に、中止令が誤りであったという論文が出てけりがついたが、労働運動への理解のなさの根は深かった。

全印総連一斉時限ストの朝だった。私は東京都委員長の紺野与次郎さんから電話を受けた。今日のストへの参加を中止しろという指示だった。

紺野さんは、私たち夫婦の九州時代の輝ける九州地方委員長だった。紺野さんの奥さんには貧乏のどん底で苦しんでいた常任活動家の妻たちを励ます、党員妻の会でお世話になった。夫の武は紺野さんの誘いで常任活動家になった。しかし、それとこれとは違う。私は「そんなことはできません。たった一時間の時限ストでも、脱落すれば仲間への裏切りです。」と断固として断った。電話口の向こうでなおも何か言っていた。私は腹が立って受話器を叩きつけるように置いて電話を切った。

この頃の新宿地区委員会の夜の会議はいつも長引いて、終わるのが夜中を過ぎていた。到底出来るはずもない、日刊紙や日曜版の拡大を押し付け、うんと言わないうちは返してくれなかった。仕事で疲れて、夕食も食べずに参加する私には、どうにもならない魔の時間があった。八時から八時半、どうにも眠くて我慢が出来なくなって、盛大に居眠りをする。その頃、早稲田大学で活動していた長男の鋼も同じ会議に参加していて、私の居眠りを後の方で見ていた。「みっともないったらありゃあしない。あんまり派手にやるなよ。」

この会議に毎度保育園から幼児二人を連れたまま参加する若いお母さんがあった。一人はまだおんぶしていたと思う。健気なと思う一方、代わってあげる人はいないのだろうかと思った。地区委員長がこの彼女のことを、党会議の華といって褒めた。私は馬鹿な、こんな幼児を連れたお母さんを、夜中まで会議で拘束するなんて、共産党の恥なのにと、腹が立った。そういう時代だったのだ。

私は党歴は長くても、民主主義の本当のところが体でわかっていなかったと思う。退職するまでの八年間の労働組合運動は、私に本当の民主主義をわからせてくれたように思う。それが私の後半の人生にどんなに役に立ったか。有難かった。

たった一人の不当解雇された女性のために、組合あげての三年の裁判に勝って、勝利集会があった。この時は私はすでに退職していたが駆けつけた。小さなホールにぎっしり三百人くらいだったろうか。みんな純粋に喜び合っていた。一人はみんなのために、みんなは一人のために、ここではこのことが生きていた。私は、ここには日本中で一番いい人間たちが集まっているとしみじみ思って、涙が滲んだ。

一九六五年、武が中央委員に選出された。武は経済学徒としてはものすごい勉強家だったし、何より党への忠誠心が純粋だった。喜んであげるべきだったが、彼は一面ひどく世間知らずで、えっ、こんなことも知らないのと驚かされることがよくあった。私はこの時決心した。私はこの後は、党のいちばん末端の地域で、地道に活動して、間違っていると思ったら、末端での活動の事実を示して、間違っていると言おうと思ったのだ。幸せなことに、そんなこともなくて四十年が過ぎて、二〇〇五年武は逝った。

ちひろさんの思い出

『文京の教育』一九八九年八月号から一九九〇年三月号まで連載

ちひろさんとの仕事は、私の編集者生活を一本の棒のように貫いている。そのことを私は、私の後半生の大きな仕事となった文京教育懇談会の機関紙「文京の教育」に八ヶ月連載で書いた。タブロイド判四頁の小さな新聞だから字数に制限があって、読み返してみると、文章のリズムが違う。話も前後するし、重複する部分も多い。でもちひろさんとの小さな思い出を拾っているので、転載しておきたい。

天才的な女流童画家、いわさきちひろさんを記念する、愛らしい小さな美術館が、彼女の旧宅跡に建っている。亡くなってもう十四年もたつのに、いまだにたくさんの人々に愛され続けていて、この美術館の昨年度（一九八八年）の入館者は十二万人を超えた。私は彼女が新進と言われた昭和三十一年から、円熟期の四十五年まで、童心社の編集者として彼女のアトリエに通った。彼女の画机の前に坐って絵の出来るのを眺めた時間は、恐らくどの編集者より長かったに違いない。彼女が子どもを育て、ご主人の松本善明氏の政治活動を支えながら、天与の才能に磨きをかけてどんどんうまくなっていくのを、編集者というより、一人のファンとして、息をのむような思いで見つめてきた。

彼女の方が二歳ちょっと年長だったけれど、男の子育てでは私の方が先輩だった。その上、善明氏が国会議員になった次の年、どういう偶然か私の夫も国会入りして、何かと話が合った。娘時代もほぼ同時代を過ごして、「あなた、モロッコみて?」「フレッド・アステアのダンスが好きなの」「万葉の好きな歌は?」遠くをみつめるような横顔をみせて、宮沢賢治の詩を長々と暗唱してみせたこともあった。とにかくおしゃべりの種は尽きなかった。

それで編集者が勤まるかと叱られそうだが、ちひろさんの絵筆は、快適なおしゃべりの中で魔法の筆のように、紙とパレットの間を往復して、夢のような色をつけていった。

私がちひろさんを最初に見たのは、昭和二十八年の四月、芝の文工会館という焼け残りのビルの一階にあった、教育紙芝居研究会の事務所だった。その前年ここに勤め出した私は、教育紙芝居研究会が出版した紙芝居の第一号の作品が、いわさきちひろの「お母さんの話」であり、その翌年の昭和二十五年に文部大臣賞を受賞したことも知っていた。だが、その日、暗い中廊下のドアを開けて入ってきた少女のような人がその人とは知らなかった。白い小さな顔に横わけのおかっぱ、黒いワンピースをほっそりと着た人が経理のNさんに交渉している。「残金をいくらか頂けないでしょうか。子どものお誕生日なので何か買ってやりたいと思って……」同僚のYさんが私の上衣の裾をひっぱってささやいた。「あれが岩崎ちひろだよ。」

紙芝居「お母さんの話」は、昭和二十二年に稲庭桂子さんがシナリオを書いて、自分でちひろさんを訪ねて依頼した、貧しい無名な二人が心をこめて作った傑作である。絵は当時ちひろさんが尊敬していた丸木俊子さんの影響が色濃い。しかし、各場面にあふれる情感は、まさにちひろさんのものだ。着色でB４が十六枚もの仕事ははじめてだったし、画料が三千円という約束も、それだけあれば一ヶ月暮らせると、彼女が画家として一人立ちするきっかけにもなったらしい。ところが、五年も経ったその時点で、画料の未払いが残っていたのだ。暗がりの中に浮かんだ白い花のような印象が鮮明である。

ちひろさんを初めて見たその年の秋、私は結核で入院した。暮の押しつまった頃、枕もとのラジオで松川事件の第二審の判決を聞いて、死刑三人を含むあまりの極刑に、興奮して発熱したりした。その前後だったと思う。稲庭桂子さんが、ちひろさんとの紙芝居の第二作「雪の女王」の絵ができたからと、見せに来てくれた。水彩とパステルで描かれた夢のように美しい絵だった。第一作から五年を経過して、丸木俊子さんの影響を全く脱して、まさに前期のいわさきちひろを代表するような出来だった。主人公のゲルダは、かわいらしくて、やさしくて、雄々しくて、行動的で、夫の善明氏の活動（当時は労働弁護士として多発する労働争議の応援のため東奔西走しておられた）を支えるちひろさんの分身といってもよかった。ちひろさんの雪の女王は、アンデルセンの雪の女王を描いて、これほど美しく神秘的で魅惑的な「雪の女王」はないんじゃないかと思う。白い毛皮の縁どりのあるフードをかぶった女王の横顔の美しさ、妖しさ。

二年後、復職してみると、稲庭さんはちひろさんを怒らせてしまって、絵も頼めない状態になっていた。その上、雪の女王の画料の未払いも残っているという。「あんなにいい絵を描く人とそんな状態になっているなんて。私、謝りに行ってきます。」しかし、私はちひろさんを見たことがあるだけで、一面識もなかった。でも、何故か行けば分かってもらえるような気がしたのだ。一張羅の紫のお召しにお気に入りの縞の羽織を着て(貧乏続きの私は、ちひろさんの所へ着て行けるような洋服は一着もなくて、ましな外出着といえば、結婚のとき持ってきた和服だけだった)、残金の四千円を持って、今美術館の建っている所にあったちひろさんの愛らしいアトリエへ出かけた。

稲庭桂子さんは、紙芝居作家として、また後の童心社の編集長として、ちひろさんの才能を引き出した名博労の一人だ。しかし、親友同士という心安さから、ちひろさんの純粋な気持ちを傷つけることがしばしばあった。そんな時のなだめ役はいつも私で、この時がその初回だったのである。

いい仕事をしたいと考えていたちひろさんに、私が謝りに行った気持はすぐに通じた。そして間もなく、紙芝居の第三作、イタリア民話の「のみのかわでつくった王さまのながぐつ」を描いていただくためのアトリエ通いがはじまった。

ちひろさんはこの前年、ひかりのくにに描いた「夕日」（ぎんぎんぎらぎら）の見開きで、この年の小学館絵画賞を受賞している。大家たちと並んで、各種の幼稚園雑誌の見開きページを飾る、新進の売れっ子への道を歩き出していた。

私が最初にちひろさんのアトリエ通いをした頃、現在、ちひろ美術館副館長（当時）である一人息子の猛さんはまだ幼稚園へ通っていて、昼過ぎになると走って帰ってきた。門の辺りから叫んでくる。「ママー、紙芝居できたー？」ちひろさんはいそいそとそれまでに仕上がった場面を順番に並べる。猛ちゃんはちひろさんの膝に浅く腰かけて、絵を見ながら、ママにお話の続きをしてもらう。アルトでおっとりした話ぶりで、それは絵のような情景だった。

この頃ちひろさんは、不断着に、着なれて柔らかくなった銘仙のような織の、紫地に黒の小花模様の絹のワンピースを着ていた。胸の切り替えからギャザーで広がったマタニティー風のドレスを、ベルトなしでゆったりと着ていた。後の裾が坐りじわでちょっとめくれていたのまで覚えているからおかしい。私が彼女を「きれいな人！」と思った最初のファッションである。

猛ちゃんは色の白い内裏雛のような男の子だったから、ちひろさんのセンスからすれば、ピンクのワイシャツや赤いベストが似合う、着せたいと思うのは当然だった。ところが猛ちゃんは小さいのに、男は男色しか着ないのだときかない。男色とは紺かグレーらしかった。「あの子、パパにあこがれちゃって、男は男らしくしなければいけないんですって。」

ちひろさんは笑いながら嘆いておられた。柔和な微笑がトレードマークの美丈夫に成人された猛さんが、実にさりげなくピンクのシャツを着こなしているのを見ると、私は思わず笑ってしまう。

次の年、創刊二年目に入った福音館こどものとも三月号に「ひとりでできるよ」七月号に「みんなでしようよ」を描かれた。ちひろさんの初めての一人で一冊の絵本である、「ひとりでできるよ」の中に、つりズボンの男の子が、昔の筒型の郵便ポストの石の台座に片足をかけて郵便を入れている絵がある。その男の子のしぐさがなんとも可愛らしい。そのことを私が言ったら、「そうなの。猛がどうしても入れてあげるって、ああいう格好をしたのよ」と、嬉しそうに言われた。

この頃、ちひろさんへの評価は、可愛い女の子、お姫さまのうまい童画家、つまり赤ずきんちゃん、マッチ売りの少女、白雪姫なんかがうまい人であった。その後も大部分のファンにはそう思われていたかもしれない。しかし、ちひろさんは、猛ちゃんの成長とともに男の子の絵がうまくなっていったように思う。数年後、ルナールの「にんじん」のペンの小さなイラストだったが「なんてうまいんだろう。猛ちゃんがこんな年齢になったんだな」と思ったりしたものだ。男の子の絵の出来が断然いい話は、年代を追って書きたいと思う。

次に私がちひろさんの家に通ったのは、一年おいた春の紙芝居「お月さまいくつ」の時で、脚本は稲庭桂子、アンデルセンの「絵のない絵本」の子ども向きの話をつないだものだった。

猛ちゃんは二年生になっていた。パパは相変わらず労働争議の支援で泊まり込みの夜が多かったようだ。ちひろさんは猛ちゃんが寝る時だけは絵筆をおいて、寝室へ行って本を読んであげていた。三十分が約束とかで間もなく戻ってきたが、さぞ一緒にいたかったろうと思う。眠りつけないと猛ちゃんは、敷布団ぐるみずるずると引っ張ってきて、ちひろさんの座椅子の後ろに枕をぴたっとくっつけて寝ていた。今思えば、そんな時間まで母親を独占する編集者もひどいものだ。でも、その頃は私も夢中だった。

「お月さまいくつ」の頃だった。ちひろさんが嬉しそうにいった。「こんど犬をもらうのよ。スピッツなの。」ところが何か月かして行ったら、毛がふさふさしないどころか耳のあたりが少しベージュがかっているではないか。「どうやらお隣の紀州犬と不義をしたらしいの。」大笑いであった。これがちひろさんの写真によく出てくるチロである。

少し成長すると、チロは猛ちゃんとちひろさんの愛を奪い合った。チロがやきもちをやくのをからかって、猛ちゃんはわざとママにおんぶする。するとチロは口惜しがって、ワンワンと猛ちゃんに飛びつこうとする。背中の猛ちゃんをかばってちひろさんがぐるぐる回る。チロはまたそのまわりをワンワンと跳ねまわる。すると背中から猛ちゃんが叫ぶ。「チロなんか、ママから生まれたんじゃないじゃないか。僕はママから生まれたんだぞ。」ほほえましいともなんとも、絵のない絵本の中の情景のようだと思ったものだ。このチロのやきもちは相当なもので、後年アトリエが二階に移ってから、ベランダの手すりに白い鳩がよく来ていて、ちひろさんが「ポッコ」と手を差しのべたりすると、彼は口惜しがってワンワン吠えたてていた。それがある日ポッコをかみ殺してしまったらしいのだ。「チロったら」とちひろさんは暗い顔をして話された。

次の年、「お月さまいくつ」が中央児童福祉審議会賞（厚生大臣賞）を受賞した。教育紙芝居研究会が倒産して童心社になって、やっと軌道に乗りはじめていた頃だったから、初めて出版社らしい祝賀会を開いた。私はその前年の秋に結核の再発で休職中だった。しかし寝ている程ではなかったので、ステーションホテルに出席した。

ちひろさんはメインテーブルの花の向こうに坐っていた。その時のちひろさんのきれいだったこと！サーモンピンクに白い水玉のツーピースに、少しグレイがかったやはりピンクのつばの広い帽子をかぶっていた。花は霞草に紫のスターチスとピンクのカーネーション。今思えばつつましい盛花だけれど、向こう側にいるちひろさんを最高に引き立てていた。一枚の絵のように私の記憶に焼き付いている。隣に稲庭さんが坐っていた。彼女は可愛らしい品のいい人なのに、着る物のセンスは頂けなくて、借り着だとかで金糸の入った羅の透けた夏羽織を着ていた。二つ違いの二人が全く対照的で、私は自分の上司なので恥ずかしかった。

帰り道、中央線で私は水道橋までちひろさんと一緒だった。晴れがましくてうれしくて、すぐ降りるのがうらめしかった。

その翌年の春、私が職場復帰して間もなく、経営も大分楽になったから絵本を作ってもいいということになった。失敗は許されない。倒産はこりごりである。最も安全な企画を練った。文字を読み始める年齢の子どもたちが、自然に覚えてしまうきれいな詩のような文章を一頁に一つずつ、それをあいうえお順に並べよう。子どもはたちまち暗唱してしまって、親は大喜びするに違いない。文章は浜田広介さんに、絵はちひろさんにとこれは絶対安全の企画であった。しかし定価の関係で二色刷りだったし、文章の中には、「らっこのだっこ」のように、ちひろさんにはお気の毒な場面もあって苦労されていた。

「あいうえおのほん」は出るとすぐ各紙の書評でほめられて売行きも上々、その上翌年の春サンケイ児童文化賞を受賞。紙芝居の出版社だった童心社は、一冊目の絵本で、絵本の出版社としてラッキーなスタートをきったのである。

「あいうえおのほん」が版を重ねた一年後、ちひろさんはその中の何頁かを描き直したいと言われた。「下手なところがあるのよ。」私はあれはあれでいいと思っていたのだが、画家の方からそんな申し出をしてくださるなんて稀有なことである。また何日か描き直しのためのアトリエ通いをした。

描き上がった絵は、ちひろさんの前期の絵の愛らしさの一つの要素であった幼さが消えて、まさに後期の優雅さの時代に入っていた。書き直さなかった頁にももちろん後期の優雅さはすでにほの見えている。しかし幼さとどこかで調和していた。だが、一年以上たって描かれた優雅さは、画然と前期を越していたのである。ちひろさんはこの間に驚くほどうまくなっていた。その喜びのために、そんな不調和は気になさらなかったのだ。もちろん私も黙っていた。この本は、一冊の中にちひろさんの絵の変化を示している珍しい本である。

紙芝居の編集者は、紙芝居のシナリオにぴったりの絵を描いてもらうために、厳密な構図指定をする。だから紙芝居に理解のない画家には編集者のくせに指図がましいと嫌がられた。しかしこのおかげで、私はおおよその童画家の画風で、頭の中に絵を組立てて、色調、雰囲気まで予想できた。だから、他の絵本などで見たその画家の一番いい絵の水準で予想して、どの絵のどこがよかった、素敵だったなどと褒めては、いい絵を描いてもらうのが秘かな楽しみでもあった。

ところが、それはちひろさんには通用しなかった。私の予想もしないような絵が、目の前で描きあげられてゆくのだ。

童心社は毎年クリスマスプレゼント用の「ね、おはなしよんで」に連なる大型単行本を出していた。三冊目の「おはなしだいすき」の時だった。「書店がどうしてもショーウインドに飾りたくなるような一際美しい表紙で、道行く人の目を捉える、のぞき込んだ人と視線が合って、思わず魅きつけられてしまうような女の子の顔はどうかしら。」商魂丸出しの注文をしたのに、出来上がった表紙のなんと素敵だったこと。白地で、一番低い位置に小麦色の女の子の顔。その上に花籠をくわえたダックスフント。赤、紫、ピンクのチューリップが縦に三本。上からさかさまにフリージア、何ともしゃれた大胆な構図だった。

昭和三十八年、モスクワで開かれた世界婦人会議に、ちひろさんも童心社の稲庭編集長も代表団の一員として出かけた。一ヶ月の旅行中同じ班でいつも一緒だったとかで、その間のおしゃべりで、ちひろさんは「いつの日か『絵のない絵本』を描きたいわ」と話されたという。

さて、それをどう企画に乗せるか。『絵のない絵本』は、月が見た人生の哀歓を美しく描いた大人のためのエッセイ三十三夜の物語である。幼児絵本専門の童心社の手に負える代物ではない。そうこうするうちに、昭和四十一年の春、ちひろさんは母上の文江さんを同道してヨーロッパへスケッチ旅行に出かけてしまった。アンデルセンの生地、オーデンセまで足を延ばすという。さあ、どうしよう。私はあせった。

ちひろさんは、三十九年に講談社のアンデルセン全集6の挿絵を描かれた。とにかくうまいのに目をみはった。とくに青年期の憂愁がうまく描けていた。この人の絵はモノクロームの方が大人っぽくなるのだ。

そうだ、思い切って若い人向きの絵本にしよう。さし絵は墨一色刷り、女学生が小脇にかかえて歩きたくなるような、きれいな本にしよう。型はＢ５変型のしゃれた感じで……

私の企画は採用されて、童心社は初めて大人向きの絵本、「若い人の絵本シリーズ」の発行に踏み切った。これもラッキーなことに当たった。ちひろさんは、私が考えたとおり、現代の竹久夢二たり得たのだった。

ちひろさんは、映画雑誌などから気に入った外国の俳優の表情などを見つけると切り抜いて取ってあった。そして必要に応じて取り出すのだが、それがひどく小さな不鮮明な写真だったりして驚かされた。十九夜の舞台であざけりの口笛を吹かれた俳優、三十二夜の月をふり仰ぐ囚人などの時がそうだった。甘い美人にかえって難渋されて、十一夜の新婚の二人などずい分描き直しをした。私は、三夜の窓辺にもたれる瀕死の娼婦が好きだ。狭いスペースに見事に悲劇を描ききっている。六夜の詩人とバラ、三十夜の納屋で眠る音楽家の一家もいい。

若い人の絵本シリーズの次の企画は、「原爆の子」(長田新編・被爆した広島の子どもたちの作文集)を戦争を知らない世代に読んでもらうことだった。稲庭さんはかつて「原爆の子」を「平和のちかい」という紙芝居にしたことがあり、その紙芝居が縁で私は教育紙芝居研究会に拾われた、私にとっては因縁の深い企画だった。

稲庭さんは、ちひろさんと一緒に取材旅行に出かけた。ちひろさんは、宿泊した中心街の旅館で、「この床の下にも、きっとあの子たちの骨があるのね」と一晩中まんじりともしなかったという。おかげで稲庭さんも眠れなかったらしい。ちひろさんは、辛くて見られないといって資料館にも入らなかったり、いろいろあって、二人は帰りの車中で気まずくなってしまって、この企画もあとを私が引き受けることになった。

私が行くと、「わたし、俊子さんみたい(丸木位里・俊子夫妻の原爆の図)には描けないの」という。「いいんです。この作文を書いた子どもたちを描いてくだされば。ちひろさんが描けば野の花一本だって、この子たちの嘆きを読む人に伝えるはずです」と一生懸命に説得した。

この仕事の時は、流石に私たちのおしゃべりもやんだ。どの作文もつらくてつらくて、胸がふさがって、ちひろさんは涙さえ浮かべておられた。私はこの本の帯に、「一枚一枚の絵を、ちひろさんは献花のように描かれた」とキザっぽいけど、そう書かずにはいられなかった。

「表紙、どうなさる？」と聞かれて、私は答えた。「作文を書いたどの子でもいいです。まっすぐに正面を見つめさせて下さい。鉛筆デッサンだけで色はつけないで。」ちひろさんは貧しいシャツを着た女の子を、消しては描き、描いては消して、画用紙の肌がざらざらに荒れるまで描き直した。ほとんど消しゴムで消してしまっても新しい紙には替えなかった。出来上がった絵は、荒れた紙肌が、父母を原爆で失った幼い魂の苦しみを表現していて、印刷してもその深みは残り、出色の表紙となった。

「愛かぎりなく」は、ネクラーソフの叙事詩「デカブリストの妻たち」である。私はこの詩を戦後間もなくザラ紙の粗末な翻訳本で、革命家の妻たちの苦難をわが身に置き換えて涙を流して読んだ。企画した稲庭さんも、ちひろさんも、同じ頃同じ思いで読んでいた。終戦直後とはそういう時代だったのだ。

この作品でも、シベリアに流刑になった夫を追って雪の中を何千キロも旅する公爵夫人トゥルベッカーヤが、優雅に美しく描かれているのは当然だが、登場する男達がなんとも素敵だ。精神の高貴さ、男っぽさ、そして憂いを含んでいて……

ちひろさんは、終戦の際の心の動揺を宮沢賢治に傾倒することで支えていたようだ。長い詩を何篇も暗唱できるほど覚えておられることでもそれはうかがえた。「花の童話集」

はそんなちひろさんのために、賢治の研究家の堀尾青史氏が、賢治の童話の中から、花など植物を主人公にしたものを中心に集めたもので、おごった赤い大輪のダリア、風に揺れるひなげし、早春の光の中に咲くおきなぐさ、菫色の夜明けの空へ旅立ってゆく銀杏の実たち、どの絵ものびやかに美しく描いている。

その頃仕事で、朝日新聞の日曜版に登場する前の、切り絵の滝平二郎氏を訪ねたことがあった。氏はすでに、福音館の「八郎」「三こ」など素晴らしい仕事をされていた。童美連の会合で仲間たちがちひろさんの絵を甘いと批評した時、「いや、ちがう」と反論なさったとかで、ちひろさんは、「あの方は男の中の男よ」と、ドキッとするような表現で好意を示されていた方である。その彼が、「ちひろさんの賢治は水蒸気が多いんだな。賢治の文学は本質的に男性的で、菫色の空といっても、磨ぎすました鋼鉄のような色なんだな」といった。本物の本音の批評だと思った。

でも、ちひろさんの宮沢賢治はあれでいいんだと思う。「原体剣舞連（はらたいけんばいれん）」の長い詩を、dah—dah—……こよい異装のげん月のした鶏の黒尾を頭巾にかざり……とよどみもなく暗唱するちひろさんの宮沢賢治なのだ。

ちひろさんとの最後の仕事は念願の「万葉集」だった。

ちひろさんも私も、万葉開眼は戦前に出た斎藤茂吉の万葉秀歌（岩波新書上下）だった。若い私たちは、はじめて触れた万葉の恋歌のみずみずしい情感に激しく感動した。二人とも歌を情景として心に焼きつける方である。だから覚えている歌、好きな歌が驚くほど一致していた。だから恰好なおしゃべりの種になって、とくに若い人の絵本シリーズが始まってからは、いつか必ずと話し合っていた。

ちひろさんは戦争中は絵で食べるなど考えもしなかったらしい。行成流のかなの名手で、師の小野周洋の代稽古をつとめるほどの腕だった。私は、ちひろ全集のための全画稿の整理をした時、紋綾の絹地の表紙のかな帖に、万葉集の女流歌人のぬき書きが七首ばかり書いたきりになっているのを見た。その中の一首に、私の最も好きな歌の一つの但馬皇女の「ひとごとを繁みこちたみおのが世に、いまだ渡らぬ朝川渡る」があって、ああやっぱりと、嬉しかった。

この企画がなかなか実現しなかったのは、誰に文章をお願いしていいのか、思いつかなかったからである。私たちと同質の感動を持っている方で、歴史観も同じであってほしいという思いがあったからだ。

ある時、ちひろさんがその頃ずっと描いていたミセスの一冊を示された。「この方どうかしら?」大原富枝さんの小説「持統天皇」だった。私は一も二もなかった。「婉という女」以来のファンである。早速お願いに伺った。大原さんは私たちの少女っぽい思い入れを快く受け入れて下さって、「それでは貴女がたが入れたいと思う歌を書き抜いていらっしゃい。それに私の好みも加えて選ぶことにしましょう。東歌にいいのがあるのよ。それから孝徳天皇の『かなぎつけ』も入れたいわ。歴史の深層が見えてくる歌なのよ」と言われた。さあ絵という段になってちひろさんの手がなかなかあかない。昭和四十五年四月末日付で童心社をやめた後で、この絵のためにちひろさんのアトリエ通いをした。

「万葉のうた」は私の編集者生活の最後の仕事であり、ちひろさんとご一緒に仕事をするのもこれでおしまいだった。私は飛鳥や山の辺の道へ取材のスケッチにちひろさんをご案内したいと秘かに思った。しかし私は至光社の武市八十雄さんのように経営者側の人間ではない。望むべくもなかった。至光社の絵本はどれも熱海ホテルで想が練られ描かれていたのを知っている。私は羨ましかった。ヨーロッパのスケッチ旅行が「絵のない絵本」に眼に見えない厚みを加えている。「万葉のうた」もそうしたかった。ちひろさんのスケッチブックに、三輪山や二上山、山の辺の道に立つ赤松のたたずまい、飛鳥川のほとりの野の花なんかが描かれていたら「万葉のうた」はどんな本になっていただろうか。

ちひろさんは念願の「万葉」を楽しんで描いておられた。この本でも男達に精彩がある。とくに有馬皇子がいい。ちひろさんがこの悲劇の皇子にいたく同情していたからだ。『韓衣裾にとりつき泣く子らを』の防人に出てゆく若い父親を、ちひろさんのユニの2Bの鉛筆は一気に描き上げた。これも思い入れの強さのなせる技である。禁制の恋をして越前に流刑になった中臣宅守が膝をかかえて坐っている絵もいい。『ちりひじの数にもあらぬわれ故に』などにあらわれている彼の穏やかで誠実な人柄を愛しておられた。

それにくらべて、極めつけの美女たちに難渋された。冒頭の額田王がそれで、万葉第一の女流歌人、天智、天武の双方から愛された美女を何枚描き直したことか。それでも足りず、何版目かにまた描き直して差し替えたのが、現在の蝶の舞う華麗な額田王である。大津皇子の恋人の石川郎女も、「この人、コケティッシュな人なのね」などと消したり描いたり。ところが個性的な美人は一気に仕上がる。嫉妬深い中年美人の磐姫皇后、中臣宅守のパッショネートな恋人の狭野茅上娘子、『わが背子を大和にやると』の、死が待つ大和へ大津皇子を見送る姉の斎宮大伯皇女などがそれだ。

表紙をどうするとちひろさんに相談された。具体的な意見を言って、彼女の自由な発想を損なうのは怖かったが、最後の本である。言わずにはいられなかった。「天智天皇の『わだつみの豊旗雲に入日さし』はどうかしら？　夕日が海に沈んだ直後の夕映えの空と海だけ。水平線を裏表紙までずっと延ばして。」私は沼津の千本松原で海に沈む日の華麗さを見て育った。水平線上に棚引く赤や朱や紫の雲を、金色に縁取りながら太陽は沈んでいった。ちひろさんはその通りの絵を描いて下さった。

私たちはいつも、表紙の絵に合わせて見返しの紙の色と紙質を選んだ。訪問着の裾まわしの色を決めるような楽しさで。この時は即座に決まった。豊旗雲の中の一色、紫の残像に重ねて、藤色の玉敷。陶器のほたるのような水玉模様のある紙である。続いて大扉いっぱいの藤の花房にモノクロームながら紫の色彩を感じさせ、中扉に藤の花一輪、そして額田王と大海人皇子の相聞『あかねさす紫野ゆき』『むらさきの匂える妹を』に紫のイメージを続ける。美しい本に仕上がった。

私がやめて四年目の夏に、ちひろさんは逝ってしまった。

私が夫の選挙の応援を終えて帰ってくると、もう面会謝絶になっていて、私はピンクのカーネーションの花束をそっと戸口に置いてきた。亡くなられたのは八月八日、お別れの会は幡ヶ谷公会堂だったが、あんなに誰も彼もが泣いたお葬式を私は知らない。

若い人の絵本

一九六六年、十一月に若い人の絵本の一冊目「絵のない絵本」が出版された。幸せにも当たって、私のこれから退職するまでの本作りはほとんど若い人の絵本だった。この間に九冊出ているのだが、そのうちの五冊はちひろさんに描いていただいている。他の四冊のうち、私のかかわった三冊のどの本も思い出深い。

初山滋先生は、私が生まれる前のコドモノクニから描いておられて、武井武雄先生と並んで童画界の重鎮でいらっしゃった。武井武雄先生は、あいうえおのほんにつづく坪田譲治先生の「ことばのほん」を描いていただいている。初山先生のあの優雅で美しくどこか不思議な絵、若い人の絵本なら企画に乗せられる。そうした思いを掘尾青史さんが近代詩の名編を「こころのうた」一冊にまとめて下さった。

初山先生のお宅に初めて伺った日、私は玄関に出て来られた先生のいでたちに呆気にとられた。ダブダブのラクダのシャツ。かなり大胆に繕ってある。同じくラクダのズボン下。これもダブダブで、胸まで引き上げて、女物の紐でしばっておられた。

先生は飄々と私を鳥をいっぱい飼っている縁側に連れて行って、あれはまがも、これはきんくろはじろなどと、上の方にいる小鳥たちまでいろいろ紹介して下さった。この鳥たちのために毎年しいな（十分に実らない籾）を一俵、山形の農家から送ってもらうのだそうだ。気難しい方かと思ったら、そんなお話もしてくださる気さくな方だった。

「僕がね。玄関へ出ていくと、ファンの女の子が、初山先生、ご在宅でしょうかなんて言うのよ。こんなじじいが初山滋だなんて思えないものね。僕はすまして、外出中だって答えるの。ファンの夢を壊しちゃいけないからね。」

先生は嬉しそうに笑っておられた。

児童心理学者の周郷博先生が持ち込まれた企画もあった。二十一歳で結核で死んだ新潟の無名の詩人矢沢宰の詩集だ。彼が病床で書き始めた十三歳から十六歳、十九歳と書き続けた心が透き通るような珠玉の詩篇。先生は、宰君の死後、お母さんから全遺稿と日記を託されたという。鋭い感性をお持ちの先生は、この詩集を何とかふさわしい装いで世に出してやりたいと、童心社の若い人の絵本を見込んで持ち込まれたのだ。

しかし、絵にも深い造詣をお持ちの先生にも、矢沢宰の詩に誰の絵をつけたらいいか、考えつかないようだった。私もいろいろな方の絵を想像しては詩と較べるのだが思いつかない。最後に先生がおっしゃった。

「山下大五郎に描いてもらおう。」

私は油絵の世界のことは、特に戦後の新しい人たちにはうとかった。周郷先生がおっしゃるのだからと、私は先生について、世田谷の奥の山下先生のお宅に伺った。薄暗い八畳の和室が仕事場のようで、絵の具のチューブが散らばった中に、袷の着物であぐらをかいて坐っておられた。

山下先生も矢沢宰の詩にどんな絵をつけるか、すぐは見当がつかないようだったが、周郷先生に押し切られたという感じで引き受けられた。

一週間もしない頃だった。山下さんから描けない事情が出来たので原稿をお返ししたい、取りに来て欲しいとの電話があって、私はあわてて駆けつけた。

「新宿の三越から個展の企画を持ち込まれたんです。こういう機会は、売れない絵描きにとって滅多にあることではないので、引き受けたいと思う。三越の方の期限があと一ヶ月で、そんな訳でお宅の仕事をお返ししたい。ご了承ください。」

私は、よくわかりました、個展の成功をお祈りしますと挨拶して帰ってきた。

周郷先生をお茶の水幼稚園に訪ねた。当時先生は、お茶の水大学教授と兼務で付属幼稚園長をしておられた。朝九時、木造の古い園舎に入ると、隅々まで雑巾がけの行き届いた広い廊下にオルガンの音色が鳴り響いていた。

奏者はシュバイツァーだと教えて下さった。アフリカで貧しい人々の救済に当たっている有名なお医者さんとは知っていたが、彼はオルガン奏者としても世界的な名手なのだそうだ。先生は、子供たちの耳はいい音を聞かせて育てなくてはいけないと、毎朝素晴らしいLPレコードでいい音楽を園中に響かせて子どもたちの登園を待っておられた。

「子供がね、そっと僕の部屋へ入ってきて言うんだよ。せんせい、いい音だねえって。」

こんな風だったから、先生には若い女学生や保母さんたち、お母さんたちのファンが多くいて、先生とお話がしたければ先生のお帰りの時刻に、池袋の喫茶店の小山に行けばいいなどと言われていたものだ。

その先生が、山下さんが断って来られたと報告すると、「そう、困ったね。いっそ、写真で行こうか」とおっしゃった。でも誰にというあてもないようだったので、私は「では探してみます」と言って帰って来た。だが私には写真家の知り合いは全くない。唯一知っているのはリアリズム写真集団という名前だけだった。電話番号を調べてすぐ電話をした。

「詩集を風景写真でまとめたいと思っています。全く人気のない、清らかな流れや木や花々、そんな写真を撮っている人を紹介して下さい。」

事務所の人は、二人の写真家の住所と電話番号を教えてくれた。何とも無鉄砲なやり方で呆れてしまうが、これが思いがけない幸運をもたらしてくれたのである。

住所を見ると一方が神田神保町とある。神保町なら都電で乗り換えなし、十五分で行ける。私はコンタクトを取ってすぐ出かけた。

園部澄という方で、アトリエは神保町の角の裏手の二階、天井のひどく高い、広い部屋だった。私が来意を告げると、先生は二人のお弟子さんに指示して高い脚立を壁の写真の棚の前に立てて、百五十枚ほどの写真を出して下さった。余程厳しい方らしく、お弟子さんたちが緊張しているのがよくわかった。

しかし私には、小さな上等の薄手の茶わんに小さな急須で、玉露を丁寧に淹れて下さった。そのおいしかったこと。お菓子は名古屋の二人静二ひねりだった。私はこの世の中に、男の方でこんなおもてなしをなさる人があるのだと驚いた。

　机の上に広げられた写真はどれも美しかった。一面の菜の花。花咲くリンゴの木、そよぐポプラ等々。私はその中から五十枚ほど選んでお借りして周郷先生にお見せした。先生も気に入って下さって、矢沢宰詩集「光る砂漠」は出来上がった。表紙は鳥取砂丘の風紋の写真を選び、モノクロの写真に深みを加えるため、もう一色茶がかったグレーをかけた。私の気に入っている装丁の一つである。

　私の無鉄砲な最初の一発が、園部澄さんに当たったとは、何という幸運だったろうか。先生はどんどん有名になってゆかれた。私は退職後も、先生が亡くなられるまで個展は見に行っていた。先生の晩年のテーマは「桜前線」で、沖縄から北海道の果てまで、美しい桜を追って撮り続けておられた。ある時ポツリとおっしゃった。

「僕の仕事で、印税をいただいているのは、あの本だけですよ。」

　声をかけていただいて私は嬉しかった。

　想い出のもう一冊は、中尾彰先生の「蓼科の花束」である。

　先生はその頃童画界の一方の雄でいらっしゃった。私が先生の絵を好きになったのは、一九五〇年、長男が小学校に入学した時の国語読本を一冊全部描いておられて、無造作に描かれた男の子がなんともかわいかった。田圃の畔に膝っきりの絣の着物を着て、ヤカンを持って立っていた男の子。なんてうまいんだろうと思った。

童心社は安い画料で、紙芝居を何回か描いていただいている。「天人のよめさま」は、広い芥子畑を羽衣を探して歩く天人の姿が飄々としてはかなげで美しかった。

先生の個展が銀座であった時だ。私は会場に入った時、なんだか少し冷たい緑の風に吹かれたような気がした。先生の絵には蓼科の緑と空気が感じられたのだ。

私は先生のお宅に伺うのが楽しみだった。五月には玄関の前に薄紫と白の珍しく大きなライラックの木が毎年見事に花をつけた。先生は口数の少ない方だけれど、ポツリポツリと話してくださる、蓼科の山荘の話が楽しかった。この頃先生ご夫妻は一年の大半を蓼科で過ごされていたようで、先生は庭に来るカケスやリスなんかを、双眼鏡で毎日眺めているそうで、どの話も面白かった。私はそんなお話の中から「うちのふくろう」という絵本を一冊描いていただいた。最後の数場面の仕上がりをいただきに山荘に伺って、ついでに武と北八ヶ岳を縦走したりした。

私は先生のお話があまり面白いので、それを若い人の絵本にいただきたいと申し出た。この仕事を奥様が大変喜んで下さった。

「私は中尾の絵も好きですが、文章はもっとうまいと思っていました。だからどこの社でも出して下さらなかったら、私が本にしてやろうと思っていたくらいです。」

奥様は結婚以来、中尾先生がいい絵を描くのを支えてきた方で、お弟子さんたちに敬愛されていた。お弟子さん方はすでに童画家として皆さん活躍されていたが、その一人の水沢さんが言った。

「僕等はね、先生のところへお金をよく借りに行ったけど、その時は玄関から行かないで、お勝手の戸をそーっと開けるんだ。奥さんが出てきたら黙って指を一本立てるの。すると奥さんはいつも二本分、下さったものだ。」

その奥様が認めていた中尾先生の文章。絵とそっくりで、穏やかで温かく味わい深かった。カットは鉛筆デッサンで、カケスやシジュウカラなどの鳥たち、松虫草やいちりん草、うめばち草などの花を描いていただき、その間に蓼科の風景の油彩を入れた。あの美しい緑の画をモノクロでは申し訳なかったが、出来上がってみると不思議に蓼科の風が感じられて有難かった。

これらの原稿を全部いただいてしまった頃、奥様がガンで入院された。かなりお悪いようで私は気が気ではなかった。出来上がった本をお棺の上に置くような事はしたくないと焦った。先生は毎日市川の病院に通っておられた。

表紙は油彩の白い山なしの花の咲く蓼科風景、本の題名は「蓼科の花束」。私は表紙の緑の印刷の効果を上げるために、もう一色淡青を加えた。前の「光る砂漠」で二色も倹約しているので、大威張りで一色増やさせたのだ。

本は病床にお届けすることが出来た。ご覧になっていただけたと思う。奥様はその年の暮れに亡くなられた。

武、参議院議員になる

一九六七年の夏、武は翌年の参議院議員選挙の全国区の候補者になった。国会で経済問題の論戦が出来る議員が必要だということらしかった。全国区はそれまで候補者は二人だったのを、関東全域を小笠原貞子さん、残る地域を東西に二分して、東を岩間正男さん、大阪以西が武に割り当てられた。まだこの時は沖縄はアメリカの占領下だった。

翌年七月の選挙の時、童心社は投票日までの一ヶ月、休暇をくれた。この時の武の大票田は大阪で、大阪府委員会は、私たち夫婦と大阪出身の秘書さんのために、東堺にマンションの一室を用意してくれた。

選挙区が広大だから、当然武とは別スケジュールが組まれる。私の役目は大阪の各区の党が組織した小集会に挨拶に回ることだった。明日は八時に梅田駅へとか、次の日は天王寺駅、次の日は難波駅と指示されて、私が駅につくと改札の向こうに腕章をつけた迎えの人が待っていて、多い日は十八か所も廻った。集会を終えると十一時を過ぎていて、私は頭がぼーっとして回らなくなっていた。この時の選挙の大阪の党の組織力は見事だった。一ヶ月のうち休みは一日もなかったように思う。毎日小集会がきちんと用意され、必ず人を集めてあった。一回の齟齬もなかった。府議会議員が多くの区から出ていて、大阪の選挙上手は聞いていたけれど、これ程とは思わなかった。東京では到底考えられないほどの

見事さだった。

この時の大阪の地方区の候補者は東中光雄さんで、この一ヶ月のうち一週間だけ福岡へ挨拶廻りに行って、こちらの候補者は諫山博さんで、二人とも三十代の弁護士で背格好も似ておられた。私は大阪での後半、だんだん疲れがたまって、終わりの回はもうろうとなって、「諫山さんを」と口走ったらしく、「奥さん、いま間違いましたよ。大阪は東中さんです。」などとたしなめられた。

この選挙では、香川の赤旗まつりに、当時参議院議員だった須藤五郎さんとご一緒した。会場は栗林公園の広場で、その後の屋内の大広間での懇談会では、宝塚音楽学校の先生出身の須藤さんが見事なテノールで荒城の月を歌って大喝采を受けておられた。

この選挙では、三人とも、定員の五十人の終わりの方に並んで当選して、票割りの確かさに感心したものだ。

武が議員になって、私は急に武の健康のことが心配になった。五十三歳、成人病が心配になる年齢になっていた。

　私は二度目の結核が治って復職するとき、隔日ではなく毎日勤務をと言われ、家事の手伝いの人を頼んで以来、仕事の面白さにかまけて、後には労働組合運動も加わって、家事は放りっぱなしになっていたのだ。

退職を決心する

　選挙で大阪へ一ヶ月行って、私は共産党の議員一人の当選のためにはどんなに多くの人の献身と、多くのカンパがかかっているか、身にしみていた。こうして当選させていただいたのを、成人病なんかで死なすようなことがあっては、全く申し訳が立たないではないか。仕事を辞めて、夫の食事の管理をしようと思い立った。これが私が仕事を辞める大義名分の立つ方の理由である。理由はもう一つあった。経営者も労働者も党員同士の労使の対立には救いがなかった。流石に途中から支部会議は別々になったけれど、労働者の多くはコネで入社していて、社長への恨みが党への恨みになったり、労働運動になったりで、つくづく嫌になっていた。こんなことで私は自分の大事な人生をすり減らしたくはなかった。これは組合の仲間には言えない、私の胸の内だけの理由だった。

　この頃には稲庭さんは社外に出て、子どもの文化研究所を開設し、別会社を作って出

新築の編集室で

版活動もやっていて、私は編集長代行になっていた。近くに小さなビルを新築して移ったのを機会に、社長は私に言った。編集長になって経営者側に移ってくれと。私はそれだけは真っ平御免だった。これが辞める決心の決定打になって、仕事の切りのいい、一九七〇年四月末日で退職と決めた。

ところが、最後の仕事としてちひろさんと約束していた万葉集を若い人の絵本にする企画が、文章を大原富枝さんにお願いして出来上がり、割りつけも済んでいるのにどうしてもちひろさんの手があかず、この仕事を残したままの退職となった。

あとがき

自分の一生を書くとなると、どうしても幼い日の記憶から書き始めることになる。私の第一稿も、残像として残っている一枚一枚の絵を思い出して、楽しく書いた。

私は、三歳から七歳までを、沼津の町はずれ、貨物を運ぶ蛇松線の終点の前に建っていた一軒家で暮した。遊び相手は一人もいない。弟は幼すぎた。母も父が出勤してしまうと話相手は幼い私だけだった。母は知っている限りのお話をしてくれた。テレビどころかラジオもない時代である。婦人雑誌かなんかで読んだのだろう。松井須磨子の後追い心中の話までしたらしい。私が五歳の七月、妹が生まれた。父と母が、赤ちゃんの名前をスマコにするかマスコにするかと話していた時、私は断乎としてマスコを主張した。母が松井須磨子を嫌っていたからだ。妹は幼い姉の一言で、万寿姫の万寿子と名付けられた。この話は末の妹たちまでに語り伝えられて、半ば伝説化している。

私はいつも一人遊びをしていた。空を見上げては、あの白い雲の上にはかぐや姫が乗って行ったような羽車が乗っていて、お伴の天人たちが羽衣をなびかせて立っているに違いない。覗いてみたいなあといつも思っていた。

第一稿にはこの種の幼い思い出を、思い出せる限り書いた。

活字になった第一稿を読んだ長男から「知らなかった。母の生きざまに感動した」と電話がかかってきた。しかし、一つクレームがついた。「冒頭の幼年時代は現代の読者には退屈だと思うよ。本題にぐさっと切り込むところから出だした方がずっとインパクトが強いしさ。」

なるほどその通りだ。私は最初から五〇頁ばかりをばっさり切った。それだけ切っても原稿は充分に一冊分ある。どうしても二冊になってしまう。本の製作をお願いしている「本の泉社」の比留川さんに相談に伺った。

比留川さんはこともなげに言われた。

「このままで、まず第一冊を出してしまいましょう。」

九月末には本は出来上がるという。実は、その時に次の原稿をお渡ししたいと思っていた。ところが筆は少しも進まず、肩は張り、頸は凝り、その上後頭部まで痛くなって、八月は全く休業状態になった。

現在原稿は二〇〇四年に入って、武の一年二ケ月の入院の後死に至る、その入院の前で立ち止まっている。資料があり過ぎるのだ。入院の日から、五ケ月目に私が病院で転倒して大腿骨骨折、即刻入院手術となる。その前夜まで書き続けていた、やたらに長い泣きごとに近い日記。その後は、息子二人が交互に介護に通ってくれて、その度毎に、メールで報告し合っている。その内容がいいのだ。丹念に読まなくては先に進めない。途方にくれている私に、息子達は言ってくれる。

「もう、あわてることはないよ。ゆっくり気がすむまで書きなよ。」

私もそうしようと思っている。

二〇〇九年九月

渡辺　泰子

●著者紹介

渡辺泰子（わたなべ・やすこ）

1921 年　静岡県沼津市千本松原岡本別荘で生まれる
1926 年　沼津市立尋常小学校女子部（後に第二小学校）入学
1938 年　県立沼津高等女学校卒業
1943 年　渡辺武と結婚
1948 年　福岡市片江で入党、50 年まで農村活動
1952 年　教育紙芝居研究会勤務、後に童心社編集部
1970 年　童心社退職
以来、居住地の文京区千石で地域活動
1981 年　喘息発病
1989 年　埼玉県さいたま市浦和へ転居
2005 年　武と死別
1976 年　第 1 回個展より、2008 年までに 11 回個展

現住、さいたま市在住

息子《むすこ》たちへ
——母《はは》の生《い》きた八十八年《はちじゅうはちねん》（上）

2009年10月10日

著　者　渡辺泰子《わたなべやすこ》
発行者　比留川　洋
発行所　株式会社　本の泉社
〒113-0033　東京都文京区本郷2-25-6
TEL.03-5800-8494　FAX.03-5800-5353
http//www.honnoizumi.co.jp/
印　刷　株式会社　エーヴィスシステムズ
製　本　株式会社　難波製本

　ISBN978-4-7807-0481-5